财政部“十三五”规划教材
高等学校经济管理类课程“十三五”系列教材

Performance Management

绩效管理

王兰云 ◎编著

中国财经出版传媒集团
经济科学出版社
Economic Science Press

前言

人力资源管理最大的挑战是把人的潜在能力转化为实际的工作业绩。绩效管理作为人力资源管理的一项核心职能，一直深受理论与实践领域的关注。在人力资本越来越成为组织成功的关键要素的时代，绩效管理则是能够将人的潜在能力转化为组织竞争优势的重要工具，越来越成为一种影响员工态度、行为以及工作绩效的重要的管理机制。正如卡普兰（Kaplan）教授指出的那样，能够测量的才能被管理。

然而，随着组织面临的各种环境因素的变化，以及外部挑战对组织能力提出新要求，如何通过绩效管理机制的设计与实施激发员工的潜在能力仍然是当前理论与实践领域面临的一大挑战。在信息技术、大数据以及人工智能日益广泛应用的时代，当今组织的成功更主要地依赖柔性、速度、创新等能力，组织不仅需要员工高效率地工作，还需要员工创新性地工作。更多组织将绩效管理的目的从单一的管理控制转向员工的激励与开发，甚至多个目的并存。近年来，许多领先企业纷纷放弃强制分布法、360 度反馈以及一年一度的考核排名等做法，一些传统的绩效管理手段被淘汰，同时新的绩效管理理念、方法也不断涌现。总之，当前绩效管理理论与实践进入了快速变革的阶段，绩效管理的教学需要不断关注与反映理论与实践领域的新动向。

天津财经大学于 20 世纪 90 年代初设立人力资源管理专业，是全国较早设立该专业的高等院校之一。经过多年的积累与建设，该专业于 2020 年被批准为“国家级一流专业”建设点。我作为人力资源管理专业教学团队的骨干教师之一，多年来一直致力于为人力资源管理专业本科、研究生等讲授绩效管理相关课程，本书是我在总结多年教学与科研成果的基础上完成的。本书聚焦于如何设计与实施有效的绩效管理体系，围绕绩效管理的基础理论知识，整合各种绩效管理工具与方法，系统地阐释了绩效管理的理论与实务。

本书的主要特点包括以下几个方面。一是结构严谨，体系完整。本书在结构安排上涵盖了绩效管理的系统理论知识体系，较好地体现了知识体系之间的逻辑性。本书的总体结构由四个部分构成：第一部分总体介绍了绩效管理理论知识，帮助读者建立总体知识框架，包括第一章至第三章内容；第二部分系统介绍了当前绩效管理体系开发与实施的方法、工具，包括第四章至第七章内容；第三部分侧重于介绍绩效评价环节的相关理论与方法，包括第八章和第九章内容；第四部分介绍绩效管理的实施流程与结果的运用，包括第十章和第十一章的内容。

二是内容翔实，反映前沿。本书在核心内容编排上，围绕绩效管理体系的设计与实施、绩效管理的方法与工具、绩效管理的一般流程进行组织，涵盖了绩效管理的技术、流程、方法等理论框架。全书力求理论阐述清晰，信息充分，内容之间前后呼应。在各章通过理论观点的阐述、思考题等方式，穿插最新理论与实践，便于学习者了解前沿动态、探讨理论观点。

三是理论联系实际，可操作性强。本书力求精练与实用，在阐述绩效管理理论知识的同时，注重对实践的介绍，并通过每章的学习目标、思考题以及案例分析等一系列相互补充、相互强化的内容安排，做到理论知识与实践应用相结合，既可以帮助学生学习理论体系，又为进一步解决现实管理问题提供了启发；使读者可以了解不同企业的绩效管理实践，增强对不同背景下理论与实践的理解以及运用理论分析与解决问题的能力。

本书既可以作为高等院校管理类专业本科生的课程教材使用，也适合管理类研究生作为教材或参考书使用，还可以作为从事人力资源管理等工作的相关人员的培训与学习用书。

在本书的编写过程中，借鉴和参考了大量的文献资料，本书仅列出了主要参考文献，在此谨向有关作者表示深深的感谢。本书的写作得益于我多年来在人力资源管理领域的调研与实践，在此过程中得到了来自同行和各界朋友的大力支持，在此对他们表示衷心的感谢。另外，天津财经大学企业管理专业研究生梁珊珊、杨丹丹、徐文杰、宋丹和李纪萱同学参与了资料收集与整理工作，在此对他们的劳动表示感谢。本书的出版得到了经济科学出版社的大力支持，在此致以诚挚的谢意。

由于水平有限，书中难免存在纰漏和不足之处，敬请各位专家、学者和读者朋友批评指正。联系方式如下。通信地址：天津市河西区珠江道25号，电子邮箱：Wanglytj@tjufe. edu. cn。

王兰云

天津财经大学商学院人力资源管理系

2022年1月

目录

第一章

绩效管理概述

【学习目标】

1. 理解绩效及其内涵。
2. 理解绩效管理的含义。
3. 明晰绩效管理职责。

第一节 绩效及其影响因素

一、绩效简介

（一）绩效的定义

绩效一直是组织关注的焦点。当上级给予下级一定的责权去完成特定任务时，不可避免地要关心任务的完成情况如何、是否达成了预期的效果、完成得怎样。对于任务完成情况的评价结果就是我们所说的“绩效”。管理大师彼得·德鲁克（Peter Drucker）指出，组织的一切活动都是为了绩效。

从字面上看，“绩”可以理解为成绩或业绩，“效”代表成效、效果、有效性，由此可以把绩效理解为工作的效率和效果。

词典中对于绩效的定义是：绩效是指对命令、责任或承诺等的落实。通常与承诺相对，指实现的行为或被执行的某件事、对任何行动或工作的完成等。

从管理的角度看，绩效是指一个人、团队或一个工作单位完成预定任务的程度，它反映了员工、部门或组织能在多大程度上完成职位或组织预定目标的要求。

综合来看，绩效的定义中至少有以下三点含义。

（1）绩效必须与特定的标准或目标相联系。绩效离不开预先的计划、目标或者标准，它们是评价个体或团体绩效的基础或者依据。

（2）绩效具有层次性。现代组织是由为实现共同目标的一群人组成的，他们在组织中具有不同的职责，从而分为不同的部门或团队。因此，提到绩效，可以是指个人绩效、团队绩效，或者是组织绩效，这些不同的绩效层面构成了组织绩效管理的整体。

（3）绩效的内涵丰富多样。绩效的测量需要衡量个体或团队完成预定任务的程度，由于任务不同，其衡量的方法也不同。根据工作结果评价绩效，还是根据员工的行为、态度、能力来测量，不仅学术上存在不同的观点，实践中也存在多种探索。绩效内涵的丰富多样是造成绩效评价工作较为复杂的原因之一。

（二）绩效的层级

在企业中，绩效一般来说可以分为三个代表性的层面。

1. 组织层面

绩效反映了组织能在多大程度上完成预定的目标要求。组织的目标决定了部门、团队以及个人的目标，通过层层分解作为部门以及个人目标的来源，也是部门、个人绩效考核指标的重要来源。

组织绩效的测量一直是一个不易确定的领域，然而组织绩效呈现多元性越来越被理论与实践者们认同。早期的公司更关注利润目标，自 20 世纪 90 年代平衡计分卡产生以后，开始对组织绩效进行多角度的衡量。

2. 部门/团队层面

绩效反映了部门能在多大程度上完成任务的要求。作为完成组织总体目标的核心单位，部门决定了总体目标的完成效果。因此，组织会根据战略目标的要求以及部门的职能进行分解，各个部门承接分目标以及相应的考核指标。当任务的完成依靠团队的形式进行时，部门内部也会采用团队考核的方式，或者团队与个人考核同时存在。

3. 个体层面

绩效反映员工完成职位任务的程度，即员工能在多大程度上完成职位的要求。个体层面的绩效指标有很多种，常见的有员工的劳动生产率、员工的出勤率等，是绩效考核最基层的单位。

（三）绩效的内涵

1. 绩效是产出或结果

这种观点认为，绩效表现为任务的完成、目标的实现以及结果（output）和产出

(outcome)。伯纳丁（Bernadin，1995）等认为，绩效是指在特定的时间内由特定的工作职能或活动所创造的产出记录。① 例如，员工每小时加工完成的产品的件数或者员工每月完成的销售额等。

把绩效看作产出的原因有：（1）产出是员工工作内容的关键部分；（2）产出更容易以客观的标准被衡量；（3）产出往往来自公司整体战略的分解，这些工作的结果与组织的战略目标、顾客满意度及所投资金的关系最为密切。

2. 绩效是行为

这种观点认为，行为不仅仅是结果的工具，行为本身也是结果，是为完成工作任务所付出的脑力和体力的结果，并且能与结果分开进行判断。

绩效是个人或系统的所作所为。绩效不是行动的后果或结果，行动本身就是绩效。绩效是一个人在其工作中与组织或部门目标有关的一组行为，如绩效表现为不迟到、不缺勤等行为。

把绩效看作行为的原因有：（1）绩效关注工作是怎样完成的；（2）绩效是人们采取的行动，而且这种行动可以被他人观察到。

3. 绩效是能力或素质

这种观点认为，素质是个人的基本特征，它与一项工作中或一定条件下的绩效存在一定的因果关系。这种观点把素质看作可以保证一个人成功完成某项工作的一系列明显的、可表现的行为。

因果关系意味着能力可以产生或预见行为与绩效。因此，把绩效看作能力或素质的观点是关注能够完成绩效的员工素质，因为可以通过素质来预测工作结果。能力是人的个性中极其深刻和持久的部分，可以通过它来预见个人在多种条件下和工作中的行为。能力被看作个人绩效的决定性因素，是创造良好结果的潜力。

4. 综合观

这种观点认为，绩效不仅仅是产出、行为或者能力，它还是工作态度、能力、行为与产出等不同维度的综合。绩效可能表现为产出或者行为加产出，也可以表现为态度、能力、行为以及产出，具体的衡量应该根据岗位的特点进行选择。因此，绩效表现为以上两个或多个要素的集合。

总之，随着绩效管理理论与实践的不断发展，对于绩效内涵的认识也在不断深化。对于绩效到底应该是产出、行为还是能力或者其综合，与管理目的、职位特征等许多因素有关。然而，绩效应该具备的一个特征是，它可以评估出其对个人或组织有效性产生的作用。

---

① ［英］理查德·威廉姆斯：《组织绩效管理》，清华大学出版社2002年版。

（四）绩效的性质

1. 多因性

多因性是指绩效的优劣不是由单一因素造成的，而是受制于主客观多种因素，包括个体因素、任务因素和环境因素等。

2. 多维性

多维性是指绩效的内涵丰富多样，因此必须从多个方面和角度评价绩效。绩效可以表现为工作的产出，或者表现为能力与行为，也可以表现为员工的态度、能力、行为以及产出的集合，具体的衡量应该根据岗位的特点进行选择。

3. 动态性

动态性是指组织的绩效不是一个静止的概念，它的内涵会随着时间和环境的变化而变化。例如，一家处于不同生命周期阶段的企业，其在成长期的目标主要是扩大市场份额，在成熟期的目标则是关注收益。

（五）绩效的结构

绩效是一个多维的概念，在理解绩效时需要考虑其不同的构成。除了从产出、行为及能力的角度对绩效内涵进行界定以外，随着对绩效内涵的理解不断深化，绩效通常有以下几个维度。

1. 任务绩效

任务绩效是指与员工工作产出直接相关的能够直接对其工作结果进行评价的部分，这种绩效与具体工作岗位的职责直接相关。例如，一名操作工的工作绩效可以表达为“每天加工零件完成 100 件”。任务绩效主要与工作岗位的职责要求直接相关，一般来说，对任务绩效的评价往往是绩效评价的核心，也是奖励与认可制度制定的出发点。

2. 周边绩效

周边绩效是指通过提供能够促进任务绩效发生的良好的环境来帮助组织提升效率的那些行为。周边绩效不与特定的任务与目标相关，但是能够让个人、团队或组织更有效更成功地完成其活动。因此，周边绩效是指与工作的周边行为有关的绩效，属于角色外绩效。例如，“乐于帮助同事并与其积极合作”以及组织公民行为等常常被看作周边绩效。

许多理论与实践证明，组织必须同时重视任务绩效与周边绩效。一方面，由于除了任务绩效以外，还有其他方面对于员工绩效同样重要，如在网络组织中更多地依靠团队合作而不仅仅是个体来完成其目标；另一方面，相对于任务绩效关注的行为与结果来说，周边绩效表现出来的行为往往是自发的，是对标准的工作职责与规范的一个补充，这些行为往往对组织、团队或者其他利益相关群体是有益的。归根结底，是因为两个维度的绩效都会对组织的成功作出贡献。

3. 适应性绩效

当今组织处于急剧变革与环境的动态作用之中，对于适应性员工的需求变得非常紧迫。在变化的和多样化的环境中，员工需要增加适应性、多样性和对不确定性的容忍程度才会显得更富有效率。而传统的任务绩效与周边绩效则是从静态角度出发来衡量的，适应性绩效应运而生。适应性绩效被定义为为应对未来或当前的变化而反映出来的个体进行改变的素质或能力，从而使绩效的内涵有了新的发展。适应性绩效具有以下特征：善于学习新的任务、有信心掌握新的任务、具有灵活性、有能力应对变化等。

4. 学习绩效

个人学习被定义为通过适应变化的环境来增长新知识、技能和能力的方式深化和拓展个人素质的活动。绩效管理作为一个管理过程，是组织持续地帮助、支持员工改进个人绩效进而提升组织绩效的过程。因此，从学习的角度看，绩效管理是通过绩效目标激发员工学习，通过反馈与改进计划引导学习的过程。因此，绩效的理解与绩效评价本身必须关注学习对于工作绩效的影响。随着组织学习以及学习型组织理念的普及，组织学习与组织绩效之间的关系获得广泛认可，学习被看作一种组织能力，它不仅能从多个角度对组织绩效产生影响，而且其本身就是绩效的组成部分。

学习绩效被定义为人们有参加持续学习的能力或意愿等。也有学者指出，学习绩效是指绩效中关于持续学习的维度反映出形成有计划的学习并将新知识和新技能应用于不断变化的组织环境中的过程。

5. 创新绩效

员工的创新绩效来自早期对员工创新行为的关注。员工创新行为是指员工为了改善自身工作绩效或组织整体绩效，在工作岗位上产生新想法、改进新想法以及将新想法付诸实施。员工创新行为有三个阶段，即产生新想法、寻求创新支持以及对新想法付诸实施。随着对组织创新能力及创新成果的不断关注，学者们在绩效结构中提出了创新绩效的成分。创新绩效被看作个体在知识不断共享和转移的过程中，为了获得本身的竞争优势、保持自己的核心竞争力、获取持续成长动力，而不断转移知识重心的能力。

二、绩效的影响因素

一个员工的工作绩效会受到哪些因素的影响？从绩效管理产生到现在，对绩效影响因素的研究也不断发展。早期研究认为绩效主要取决于个人因素，是个人能力与激励的结果；之后学者们提出了较为系统的观点，关注到影响个人绩效的来自环境方面的因素。

（一）三要素模型

三要素模型认为，个体的绩效受到三个决定性因素的影响，三个因素结合起来作用于个体的行为与绩效。这三个因素为陈述性知识、程序性知识和动机因素。即：

个体绩效 = 陈述性知识 × 程序性知识 × 动机

其中，陈述性知识是关于事实与事务的信息，即对事实和事物的了解，即知道应该做什么，包括关于某一既定任务的要求、说明、原则及目标等方面的信息；程序性知识，是知道应该做什么、知道如何做两方面的结合，包括认知的、身体的以及人际方面的能力；动机是指受到激励的程度，是个体的选择性行为，即选择做什么、努力的水平及努力的程度等。由此可见，要想绩效达到满意的水平，三个因素必须同时具备，缺一不可。

三要素模型强调了个人绩效的直接决定因素，即知识、技能和激励，这三个因素被认为是工作相关行为的直接决定因素。该模型说明，要提高绩效必须找到影响绩效的具体因素，从而找到影响绩效的原因。然而，该模型忽视了不同因素之间的相互作用以及影响绩效的间接因素，尤其是个人与系统之间的相互作用。

（二）影响工作绩效的环境因素

任何个体的绩效都是在特定的工作背景下完成的，这些背景因素构成了个人绩效的环境因素或者系统因素。个体因素与组织背景之间还会产生相互作用。因而，除了个体因素，影响绩效的因素还应该包括环境因素。环境因素包括以下几个方面。

1. 物质环境特征

物质环境特征包括对身体的伤害、光线、噪声、工作时间安排、工作地点选择等。

2. 社会环境特征

社会环境特征包括合作者的个性（上级、下级与伙伴）、上级的管理风格、小组的凝聚力、社会支持等。

3. 组织特征

组织特征包括组织的价值观、奖励制度、组织结构、不稳定因素（领导变更、组织变更）等。

4. 任务特征

任务特征包括任务的数量结构、任务的连贯性、复杂性、专业性，以及完成任务的限定时间等。

5. 工作角色特征

工作角色特征包括工作角色的模糊性、冲突性和超负荷性等。

6. 目标特征

目标特征包括目标的专业性、复杂性、困难性，以及达到目标的报酬等。

第二节　绩效管理及其流程

一、绩效管理简介

对于绩效管理的含义，不同学者有不同的界定。而且，随着绩效管理的发展演变，其内涵也有所不同。

美国学者赫尔曼·阿吉斯（2013）认为，绩效管理是指识别、衡量以及开发个人与团队绩效，并且使这些绩效与组织的战略目标保持一致的一个持续过程。

按照绩效管理的流程，绩效管理被定义为建立绩效计划、实施绩效辅导、进行绩效评价以改善员工和组织绩效，从而实现组织目标的过程。

也有学者认为，绩效管理是指依据一定的程序和方法，通过对员工及组织的绩效实施计划、监控、评价、改进等一系列管理措施，以期提高和改善员工与组织绩效的过程。

尽管上述定义表述不同，但是它们都包含了一些共同的内容。

（1）绩效管理的目的是提高员工与组织绩效。绩效管理着眼于个人与组织目标的实现与绩效的持续改善，是将个人或者团队绩效与公司的战略目标相联系的一种工具。

（2）绩效管理是一个持续的计划、实施、监控和改进（PDCA）循环。绩效管理是一个由绩效计划、绩效监控、绩效评价等职能构成的封闭的循环系统，绩效管理从绩效计划开始，在正式与非正式的上下级的沟通中进入计划执行过程，并通过检查评价跟踪计划完成情况，进而制订改进计划以更好地实现下一周期的绩效目标。因此，就管理流程来说，每一个计划期的绩效管理都形成一个封闭的 PDCA 循环过程。

（3）绩效管理是人力资源管理的一项核心内容。组织的一切活动都是为了绩效。因此，绩效管理是人力资源管理的核心职能，是人力资源管理中对员工态度、行为以及绩效具有重要影响的管理机制。

（4）绩效管理是对组织绩效、部门绩效和个人绩效进行全面管理的一种体系。绩效管理的范围覆盖组织中所有的人员和所有的活动过程，是对组织行为进行的全方位的监控与评价，是全员、全面和全过程的立体性动态管理。

（5）绩效管理是组织的一种内部沟通制度，是管理者与员工之间在目标与如何实现目标上达成共识的过程（持续沟通）。

二、绩效管理的一般流程

一个完整的绩效管理过程是一个封闭的 PDCA 循环，即计划—实施—监控—改进的流程。在设计了一套可行的绩效管理体系之后，组织进入日常绩效管理的实施阶段，它由绩效计划、绩效监控、绩效评价、绩效反馈、绩效改进等过程构成。

（一）绩效计划

绩效管理实施从绩效计划开始，它是确定组织对员工的绩效期望并得到员工认可的过程。从个体层面看，绩效计划应该清楚地说明期望员工达到的结果，以及为达到该结果所期望的行为与技能。绩效计划是被评估者和评估者双方针对员工应该实现的工作绩效进行沟通的过程，并将沟通的结果落实为订立正式书面协议即绩效计划和评估表，它是双方在明晰责、权、利的基础上签订的一个内部协议。个体的目标来源于组织战略规划、部门职责及岗位职责，是一个根据组织战略规划进行层层分解与落实的过程。

（二）绩效监控

绩效监控包括绩效辅导、绩效沟通与绩效信息收集等过程。绩效辅导是通过持续不断的绩效沟通、指导帮助员工实现绩效目标，同时收集绩效信息以形成考核依据的过程。动态、持续的绩效沟通贯穿绩效监控的全过程，经理与员工双方在计划实施的全年随时保持联系，全程追踪计划进展情况，及时排除遇到的障碍，必要时修订计划。

（三）绩效评价

绩效评价是绩效管理系统的主体部分，表现为根据设计的一个健全合理的考评方案实施绩效考评的过程。考评方案主要包括考评的内容、考评的方法、考评的程序、考评的组织者、考评人与被考评人以及考评结果的统计处理等。

（四）绩效反馈

绩效反馈主要是指绩效评价结束后对评价结果的反馈，即与员工就考评的结果进行沟通并达成一致意见的过程。一个阶段的绩效评价结束后，直线经理一定要将评价结果通过面谈的方式告诉员工，与员工就评价结果达成一致理解，并真诚地指出员工存在的不足，提出建设性的改进意见。

（五）绩效改进

绩效改进是绩效考核的后续应用阶段，是连接绩效考核和下一循环计划目标制订的关键环节。绩效考核的目的不仅仅是作为确定员工薪酬、奖惩、晋升或降级的标准，员工能力的不断提高以及绩效的持续改进才是其根本目的，而实现这一目的的途径就是绩效改进。

第三节 绩效管理的功能与职责

一、绩效管理的功能

绩效管理是人力资源管理的核心职能，它在企业人力资源管理以及组织整个管理活动中具有十分重要的作用，具体表现为以下几个方面。

（一）确保员工个体目标与组织战略目标的一致

绩效管理本质上是一种过程管理，而不是仅对结果的考核。它是将中长期的目标分解成年度、季度、月度指标，不断督促员工实现、完成的过程。有效的绩效考核能帮助企业达成目标。

通过绩效管理引导部门及员工关注企业的关键战略问题，从而确保员工与组织目标的一致。绩效管理的根本目的在于企业战略和经营目标的实现，而绩效管理通过员工个体目标的实现推动部门目标，从而带动企业整体战略和经营目标的实现。

（二）对员工的工作表现提供正式的反馈

绩效管理使得员工对自己的工作有了正式的知情权，对自己的工作成绩有了客观认识。这不仅有助于管理者的日常管理活动，还有助于帮助员工认识自己的潜能，对员工个人职业生涯的规划和工作满意度也有一定的影响。

（三）调动员工的积极性

机器是恒定生产力，而人不是，因此人力资源管理最大的挑战是把人的潜在能力转化为实际的工作业绩。人潜在的能力是很难用一个指标去衡量的，因此，绩效管理通过考核员工的工作效果并与相应的激励联系起来达到调动员工积极性的目的。

（四）为制订薪酬计划、晋升等决策提供依据

有效的绩效管理为企业进行人员配置以及决定薪酬水平提供了重要依据。

薪酬管理是企业对其员工为企业所作贡献给予相应回报和答谢的活动过程；而绩效评价对员工某时期的工作结果、行为与表现进行评定，以说明员工在该时期对企业所作的贡献，因而绩效评价为薪酬管理提供了依据。

组织升迁制度往往是作为对业绩优秀的员工的一种激励。绩效评价对不同业绩、能力的员工进行区分，发现有发展潜力的员工，使得组织更清楚地了解员工的努力与胜任力等特征。

（五）确认员工的培训需要

绩效评价的结果有助于确认员工培训的需求。通过把员工的实际评价结果与标准进行比较，可以发现员工绩效存在的差距，在由于员工能力、态度而导致绩效低下时，需要对员工进行培训。另外，公司也可以根据未来企业的战略目标确定员工应该具备的能力，这也意味着对员工的培训提出了要求。通过绩效评价能发现员工的长处与不足，对其长处应加以发扬和保护，对其不足应进行辅导和培训，绩效评价结果能为培训计划与培训措施的制订提供依据。

（六）帮助员工改进工作，提高效率

绩效管理的直接目的是改进工作效率和效果，从而不断提升组织绩效。因此，绩效管理是在现有绩效基础上，分析存在的不足并采取一系列行动提高员工的绩效和能力。绩效改进是一个周而复始的连续不断的过程，可以实现个人与组织绩效的不断改进。

二、绩效管理的职责分工

（一）人力资源部门的绩效管理职责

1. 开发组织绩效管理体系

绩效管理体系是个人、部门、组织以及流程的有机整合，是一套实施绩效管理的系统性的制度文件。它是以组织规章、规则的形式，对实施绩效管理的程序、步骤、方法、原则和要求所作的统一规定。它是组织实施绩效管理的规范与准则，决定着组织绩

效管理的成败，而人力资源管理部门则负有这套制度的开发与不断完善的责任。当一个组织需要从无到有建立一套绩效管理体系时，人力资源管理部门要负责组织人员开发这样一套制度。

2. 组织实施绩效评价

绩效管理的对象是全体员工，为确保各个部门按照绩效管理体系规定的流程、内容等进行实施，需要人力资源部门组织推动各部门按照绩效管理体系的要求落实绩效管理。

人力资源部门对绩效管理的有效实施负有责任，但不是完全的责任。人力资源部门在绩效管理实施中扮演流程/程序的制定者、实施进度与流程的监督与检查者，以及咨询顾问的角色。具体工作包括：实施绩效管理培训，组织各部门实施绩效评价，监督、检查绩效管理制度的执行情况。

（1）组织在绩效管理体系制定或修订完成之后，还需要与全体员工进行沟通，目的是增进员工对体系的理解、把握与正确地实施，以确保这套体系的有效运行。因而，在一套绩效管理体系实施之前，人力资源部门必须组织进行绩效管理培训，主要内容包括两个方面。一是培训管理者。一方面，增强管理者对绩效管理体系的理解，让管理人员理解绩效管理对企业以及对于管理工作的益处，他们才会愿意接受、参与和推动；另一方面，使管理者掌握绩效管理的流程、方法和技巧，确保绩效管理的科学、公平与公正。二是培训员工。对员工进行绩效管理培训的目的是增进员工对绩效管理体系的理解、认可与参与。

（2）人力资源管理部门还需要对绩效管理体系的实施提供有关绩效管理的咨询服务。绩效管理实施的主体是直线管理人员，他们依据绩效管理体系的要求负责部门的绩效管理工作，人力资源管理专业人员则承担为他们提供有关绩效管理的技术、方法等的建议与辅导的职责。

3. 依据考评结果实施相应的奖惩及人事决策

在各部门进行绩效评价的基础上，人力资源部门需要进行绩效评价结果的汇总与分析。同时，依据绩效管理体系的规定，实施相应的人力资源管理决策。

首先，一般来说，绩效评价的结果会应用于员工的薪酬支付，这是绩效评价非常普遍的一种用途。组织往往事先设计基于绩效的薪酬制度，将员工的报酬与绩效水平联系起来，绩效评价的结果为报酬的合理化提供了决策的基础，使企业的报酬体系更加公平化、客观化，并具有良好的激励作用。其次，评价结果会应用于员工任用与职业生涯规划。通过考核，为企业提供总体人力资源质量优劣程度的信息，获得员工晋升和发展潜力的数据，为员工晋升、降级、调动、辞退等决策提供依据，同时帮助员工制定职业生涯规划，为企业未来的发展提供潜在的人力资源储备。

4. 改进绩效管理体系

没有完美的绩效管理体系，任何的绩效管理都需要不断改善和提高。因此，在一个周期的绩效管理结束后，人力资源管理部门需要全面审视企业绩效管理的政策、方法、手段及其他的细节，据此进行诊断，发现存在的问题并分析可能的原因，进一步完善绩效管理体系。

（二）直线经理的绩效管理责任

绩效管理不只是人力资源部门的任务。首先，组织的高层领导是绩效管理的决策者，决定着绩效管理体系的制定和实施的宗旨与目标；其次，直线经理负责员工的激励和考核，是绩效管理的直接实施者；最后，基层员工则是绩效管理的主要参与人群，参与绩效管理的全过程，对绩效管理体系的有效性具有决定性的影响。

由此可见，在绩效管理中，直线经理是实施的主体，起着桥梁的作用，上对公司的绩效管理体系负责，下对下属员工的绩效提高负责。其职责贯穿于绩效管理的全过程，即从绩效计划的制订、绩效辅导、绩效评价到绩效改进的整个流程。表 1－1 展示了某公司绩效考核责任划分情况。

表 1－1　　某公司绩效考核责任划分

考核主体	职责
绩效考核领导小组	负责领导公司绩效考核工作；审批公司员工绩效考核方案；审定公司主管及以上人员的考核结果，并负责员工申诉的仲裁
总经理	负责分管部门考核工作审核及监督管理；负责考核分管部门负责人；负责对分管部门考核工作中不规范行为进行纠正；负责对直接下属（分管部门负责人）进行绩效面谈，反馈被考核者本人及所管理部门的考核情况，指导下属管理人员本人及其所管理部门的绩效改进与提升
部门负责人	负责协助制定本部门关键绩效指标和本部门员工考核指标；负责本部门考核工作的具体组织工作；使用考核工具，结合绩效计划和岗位说明书的要求对部门人员进行考核，负责部门互评评分；负责所属部门员工的绩效面谈，指导员工进行绩效改进
人力资源部	统筹管理整个公司的绩效考核工作；牵头建立考核体系：制定制度、流程，提供各种考核工具、模板；负责对各部门进行绩效考核的培训与指导；负责收集、统计绩效考核的结果；依据考核的结果核算绩效工资；负责考核制度的推进、实施和绩效考核效果的调查、评估，跟进检查绩效管理、绩效面谈反馈的落实情况

第四节 绩效管理面临的挑战及其变革

一、绩效管理的难点与挑战

绩效管理是人力资源管理中的一项核心职能，也是最复杂的一项职能。绩效本身的多因性、多维性及动态性等特征使得绩效管理难以获得预期效果，主要表现在以下几个方面。

（一）绩效系统的复杂性

首先，绩效是一个由多因素构成的复杂系统。个体绩效受个体陈述性知识、程序性知识和能力以及动机的共同影响；此外，人力资源管理实践和工作环境也被认为是重要的绩效影响因素。由于每个个体都是在特定的组织背景下进行工作的，因此，个体绩效必然是组织背景下的工作绩效。这些因素不仅单独影响绩效，它们之间还会有相互作用，间接影响绩效的形成。

（二）绩效结构的多样性

由于绩效本身的外延不同，对绩效指标的设计也不同。目前除了传统的任务绩效以外，周边绩效、适应性绩效、学习绩效及创新绩效的提出与检验都对绩效的结构有了新的发展。因此，组织在进行绩效管理时是进行单独的任务绩效评价还是对任务绩效与周边绩效等维度同时评价，以及如何处理它们之间的关系等，也对绩效评价构成了一定的难度。

（三）绩效管理目的的多样性

绩效管理系统的测量目的也越来越呈现多样性。早期的绩效考核重点关注管理控制的目的，即以支持管理决策为主要目的。然而，随着人力资源管理以及绩效管理理念的发展，绩效管理的目的也越来越复杂多样，一套新管理体系包含了实现战略目的、控制目的及开发目的等多项功能。另外，组织不仅仅通过绩效管理实现对过去工作的盘点，更希望绩效管理的结果对组织具有前向的预测功能，有助于组织的可持续发展。由此可见，绩效管理承担着更多的使命，这为本来就相对复杂的绩效体系增加了更大的挑战。

（四）绩效制度与评价结果的公平性

一套好的绩效管理体系不仅应体现组织绩效管理的宗旨，还应该得到所有参与人尤其是被评价者的接受，公平感是一项关键要素。绩效管理中的公平包含了分配公平、程序公平、人际公平及信息公平四个方面。其中，分配公平指的是评价结果与实际完成工作之间的差异以及评价结果与自己获得的实际报酬之间的差异；程序公平指的是员工对决定绩效评价等级的程序以及对评价等级与报酬联系起来的程序是否感到公平；人际公平指的是员工对上级在实施绩效管理过程中的人际处理感觉到的差异；信息公平指的是员工对绩效目标、绩效反馈等方面感知的公平性。一套绩效管理体系中绩效指标选择的合理性、绩效考评主体选择的适当性，以及评价方法的适用性、实施过程的合理性等，都会不同程度地影响员工对绩效管理的公平性感知。如果员工认为绩效管理体系不公平，势必影响其工作积极性，甚至出现反生产力行为。然而，公平性感知因人而异，难以管理。

（五）绩效管理的两面性

绩效管理作为人力资源管理的一项核心职能，得到理论与实践领域的普遍认同。绩效是指员工在一段时间内为组织所作贡献的价值，而该价值要以某种方式得到评估，并作为薪酬和升职决定的依据。没有正规的评估，考核就可能会被“暗箱操作”，员工就不会认可。

然而，绩效管理又是不受欢迎的一项实践。调查发现，员工与管理者都不喜欢绩效考评。从主观意愿来看，没有人愿意被考核。另外，绩效管理的效果难以评价。尽管我们都希望绩效评估是公平的，结果却往往事与愿违。而且，糟糕的绩效管理还会带来负面效应，如浪费大量的时间与金钱、破坏人际关系、降低工作满意度等。

面对绩效管理中的问题，美国学者塔玛拉·钱德勒（2017）总结了传统绩效管理存在的八个缺陷：

一是没有证据表明传统的绩效管理导致绩效提高；

二是传统的绩效管理阻碍了反馈的接受，并限制了诚实的对话；

三是没有人记得好的工作，绩效考评通常强调消极方面，而不是侧重于积极方面；

四是没有人是孤岛，评价的重点在个人，但是系统或组织的挑战往往对个人表现有显著的影响；

五是考评者不是机器，在绩效判断和评分上，不可能实现公平和标准化；
六是我们不是机器，根据评估结果制定关于人才的决策是不可靠的；
七是将人与人进行比较，会打破创造协作文化的氛围；
八是为绩效掏钱不能提高绩效。

二、绩效管理的变革趋势

近年来，针对绩效管理理论与实践领域的问题，出现了一些积极的探索。2013 年 11 月，微软公司宣布放弃员工排序；2015 年，通用电气公司（GE）正式宣布放弃活力曲线（强制分布）；2015 年 3 月，德勤公司宣布重塑绩效管理，因为绩效管理已经跟不上公司目标的完成；2015 年 7 月，埃森哲公司宣布放弃年度绩效评估和排名，以项目制方式进行奖励。无论是通用电气、德勤还是埃森哲公司，均认为无效的年度绩效考核应该被取消。

这些公司变革传统绩效管理的原因是，传统僵化的绩效管理体系难以支持灵活、敏捷与及时反馈的运营模式。面对日益复杂多变的环境，组织对敏捷反应的需求更加急迫，一年一度的绩效考核周期很难对员工的行为与结果产生影响；20 世纪许多公司对绩效管理体系的职能定位发生变化，尤其是对知识型员工的管理，公司更多地关注体系对员工开发的目的而不再单纯地用于管理控制目的，管理从激励个体转向团队工作为主。另外一个因素是与劳动力市场的变化有关。当企业所需的人力资本充足时，绩效排名、末位淘汰是优胜劣汰与保持组织活力的有力工具。面对 21 世纪互联网、大数据和人工智能等新技术的迅速发展与广泛运用，企业所需的核心人才短缺，培养人才变得更重要，组织必须找到新方法来取代传统的工具，以适应对人才的新需求。

然而，即使每个组织都有员工不满意奖金金额，或因为没有升职感到失望，但如果评估流程是公平的，员工会更容易接受不满意的结果。公平流程的实行有赖于可靠且积极促进公平的评估者，以及让员工有权发表意见。没有评估，员工就不清楚组织在用何种方式衡量他们的贡献。因此，绩效管理不是被取消的问题，而是要思考如何变革以应对组织内外环境变化的新需求。

思考题

1. 如何理解绩效的不同含义？
2. 影响绩效的因素有哪些？

案例分析

德勤：重构绩效管理

在德勤最近进行的公众调查中，超过一半（58%）的受访高管认为，他们目前的绩效管理方式既无法激发员工积极性，也无法提高员工的业绩。对此我们也深有同感：绩效管理方式应该更灵活多变、实时和个性化，应该把重点放在促进今后表现上，而非评估过去。

德勤重构后的绩效评估系统令人耳目一新：没有一连串的目标，没有一年一度的总结，也没有360度评估方法。我们化繁为简，设计出截然不同的绩效管理工具。它以一套收集可靠绩效数据的新方式为基础，优点是速度快、灵活、个性化和可适时调整。

耗时巨大的绩效管理

长期以来，德勤使用的绩效系统很可能与你的公司目前的系统较为相似。每年年初，6.5万多名德勤员工都会定下个人目标。一个项目结束后，每位员工的主管会根据目标完成情况给他们打分。主管还会就员工的表现程度进行点评。这些评估被纳入年终考评，在冗长的“共识会议”上，“顾问组”会将员工与同侪相比，讨论他们一年来的表现。

根据内部反馈，我们意识到，随着新需求的出现，这不是德勤最佳的绩效管理方式。在随时变动的世界中，一年一度的目标过于“批量化”。关键是，对员工表现的实时评价比指导顾问的年终打分更有价值。我们开始思索：能否把管理者花在评分上的时间转到员工提升业绩和职业发展上，即从回首过去变为放眼未来。

再造绩效管理

我们尽可能表述清楚绩效管理的目的，即对德勤而言绩效管理意味着什么。德勤新绩效系统有三大目标，第一个目标很明确，也是大多数现有绩效系统所做的：新系统让公司能够肯定员工绩效，尤其需要能够通过不同的奖金来实现。

为了衡量每名员工的表现，必须对其有清晰的认知，这是新系统的第二大目标。以前我们会向很多人征求他们对组员的意见，比如通过360度测评或直接反馈调查问卷等方式。现在我们发现，只要问直接组长就够了，关键是，问的问题发生了变化。在评价别人技能时，人们可能会标准不一，但如果让他们为自己的感觉和意愿打分，就不容易出现偏差。为了解员工个人绩效，我们没有让组长为组员的技能打分，而是让他们为自己将对组员采取的行动打分。

在每个项目结束时（或长期项目完成1/4时），我们让组长就以下4个问题作出回应。

（1）根据对此人的了解，如果用我自己的钱为他支付奖金，我会给予其最高额的奖励。

（2）根据对此人的了解，我希望他能永远留在自己团队工作。

（3）此人濒临表现不佳的境地。

（4）此人如今已具备晋升条件。

也就是说，我们不关注组长对组员的看法而关注组长如何对待组员。除了这些连贯的、可计算数据外，评判薪酬时，我们也将一些无法计算的因素纳入考量，比如所在年份项目任务的难易程度，以及对组织在项目之外所作的贡献。这些数据是评判薪酬的基础，而非最终标准。薪酬的最终意见由员工的直接领导达成，或者由总揽全部绩效流程以及横向比对多组数据的几位领导决定。

这种新的评估方法也是评分，但无论是分数的生成还是使用，都和传统意义的评分截然不同。因为新方法能快速捕捉到员工每时每刻的表现，我们称之为“绩效快照”。

关键是提升员工业绩

新系统的前两个目标已经清楚了：首先我们希望认可员工表现；其次我们可以明确他们的表现如何。但所有的研究、所有与领导就绩效管理的交流，以及来自员工的反馈都表明，这两个目标还不够。归根结底，绩效管理到底更强调“绩效”，还是“管理”？换言之，能够衡量和奖励员工目前的表现固然好，但如果能持续改善他们的业绩，岂不更佳？

因此，我们的第三个目标是，有效激励员工的表现。如果“绩效快照”是供组织使用的工具，我们还需为组长设计一款工具作为进一步支持。

对最优秀组长的研究表明，他们会经常和所有组员沟通近期工作。这些简短沟通让管理者心中有数，所有重要信息都尽在掌握。这些沟通还会让管理者清楚了解每名组员未来动向及其原因，明白优质工作的标准是什么，以及各组员在近期如何才能发挥出最佳表现。换言之，目的、期望和优势这三要素构成了我们的最佳团队。

新的绩效系统要求每名组长每周至少与组员沟通一次。这些沟通并非组长额外的工作，而是他们的分内事。如果组长一周不能做到沟通一次，管理者就无法有效帮助组员；而沟通也会从指导近期工作变为对过去表现的反馈。沟通的内容完全会随着沟通频率变化而变：如果你希望员工谈一谈他们未来短期内如何表现，就必须保证沟通频率要高。我们在测试中发现，沟通频率和组员积极性之间，具有直接和可量化的联系。可以说，频繁地和组员沟通是组长提高员工积极性的王牌。

而频繁沟通会占用组长很多时间，我们了解到，保证沟通频率的最佳办法是，由组员发起沟通。因为和组长相比，组员通常更急迫地渴望得到指导和关注。

迄今为止，我们已经定义了绩效管理最本质的三大目标：肯定、认清和有效激励员工的表现。我们有三个相互关联的例行举措来支持这三大目标：每年的薪酬调整决策、季度或项目绩效快照，以及以周为单位的上下级沟通。而且，通过定期测评和频繁沟通，我们从过去"批量化"地关注过去绩效，转变为关注未来。

在过去几年中，针对绩效管理的很多争议都围绕着打分——如何保证公平，以及如何达成预期目标。但问题可能出在其他地方：打分确实反映了每名员工的表现，却太过片面。毕竟，员工本身的得分没有问题，问题在于为何仅有这一个数字。评分是真实情况的浓缩，在今天仍不失为一种必要手段。但组织对员工的了解，以及员工对自身工作状况的认知，都不可能靠一个数字解决。现在技术条件已允许我们扩大绩效评估的数据规模，随着新绩效系统在德勤内部的不断推广，"评估大数据"是下一个我们亟待解决的问题。

资料来源：[美] 马库斯·白金汉和艾什利·古铎：《重构绩效管理》，载于《哈佛商业评论》2015 年第 4 期。有删改。

问题

1. 德勤进行绩效重构的原因是什么？
2. 如何评价该公司进行的绩效改革？

第二章

战略绩效管理概述

【学习目标】

1. 了解战略绩效管理的发展过程。
2. 理解战略绩效管理系统。
3. 把握战略绩效管理的特征。

第一节 战略人力资源管理

20 世纪 90 年代以来，随着市场竞争环境的变化和企业创造新的竞争优势的需要，人力资源管理领域发生了深刻的变革，无论是人力资源管理理念还是具体的职能都与传统的人事管理、人力资源管理有本质的不同。人力资源管理在促进组织战略目标的实现以及为组织创造竞争优势上取代了传统手段，标志着战略人力资源管理的产生。

一、战略人力资源管理简介

（一）战略人力资源管理的含义

战略人力资源管理是相对于传统事务性人力资源管理而言的一种新的人力资源管理理念与形态。美国学者怀特和马汉（Whright & McMahan，1992）认为，战略人力资源管理是有计划的人力资源配置模式和有助于实现组织目标的一系列行动的集合。还有一些学者指出，战略人力资源管理是有利于企业达到其战略目标的人力资源管理模式。

在战略人力资源管理理念下，人力资源活动的价值取决于它是否能帮助组织获得竞争优势，是否对组织在提高绩效、实现战略目标等方面有战略作用。战略人力资源管理的基本原理就是通过人力资源管理与企业战略的整合，建立不可模仿的人力资源体系来创造公司的竞争优势。与独立的人力资源战略不同，与战略整合的人力资源管理更为有效，增加了组织的运作效率，并促进实现战略目标。因此，战略人力资源管理是更有利于组织获取高绩效、更有利于组织生存与发展的人力资源管理。

战略人力资源管理反映了人力资源管理地位、作用和角色的变化，它关注一个公司的人力资源管理与战略管理之间的关系，指的是一个企业追求整体发展方向，并通过人力资源来达到其目标。

（二）产生背景

战略人力资源管理产生于20世纪80年代中后期，并得到迅速发展。相对于传统人力资源管理，战略人力资源管理强调在支持企业的战略中人力资源管理的作用。因为人力资源管理直接影响一个企业的内外部环境，人力资源部门工作的有效性已经成为影响企业发展的战略性因素。而传统的人力资源管理很难使人力资源功能同时满足上述要求，战略人力资源管理理论与实践应运而生。

1. 竞争环境复杂多变

20世纪90年代以来，企业面临的竞争环境日益激烈。理论与实践者们都认识到，在一种竞争性的环境下，战略性地管理人力资源能够为企业提供一种持续的竞争优势。与技术和资本等其他因素相比，只有人力资源可以创造更持续的竞争优势。因此，对人力资源管理提出了更高的要求：一方面，在战略实施过程中，人力资源管理和战略之间应该保持动态协同；另一方面，通过人力资源规划、政策与实践，创造实施战略的适宜环境，发挥“战略伙伴”的作用。

2. 知识经济社会生产要素主体的变化

在知识经济社会，价值的创造不再主要来自资本，而是来自知识。尽管每个企业都可以买到机器，但企业之间存在巨大的差别，这种差别就体现在员工拥有的知识上。微软公司没有高大的厂房和复杂的设备，但是它的市值超过了美国三大汽车公司的总和，关键是拥有具有创造力的人力资源。

管理大师彼得·德鲁克指出，知识生产力已成为竞争和经济发展的关键，知识已成为首要产业，这是不可逆转的发展趋势。知识取代资本成为创造财富的决定性生产要素，从而对100年来形成的以工业经济为背景的管理理论与实践提出了新的挑战。

3. 战略竞争的要求

自20世纪60年代以来，西方国家出现了战略管理研究的热潮。战略竞争是企业竞争之本和最高境界。战略管理理论认为，战略管理的根本目标是获得持续的竞争优势，没有竞争优势，就不能在市场中取胜，不能创造持续的卓越绩效和股东价值。在技术变革频繁、创新成为获取竞争优势根本来源的时代，竞争优势主要来源于组织应变和创新的能力，然而，在许多传统的维持竞争优势的资源（如技术和资本）中，只有人力资源才能实现应变与创新。几乎没有哪种资源比人力资源创造的竞争优势更具有持续性。

二、战略人力资源管理的特征

战略人力资源管理是人力资源管理的最新阶段，它与传统的人事管理、人力资源管理有本质的区别。

（一）管理理念

在战略人力资源管理阶段，人力资源不仅被视为获取竞争优势的资源，而且是可以被用来提供未来收入的一种资本。人力资本存量越大、质量越高，其劳动生产率就越高。另外，人力资本具有收益递增的特性，也能改善物质资本的生产效率。因此，人力资源是企业中最重要的资产，是竞争优势的根本来源。从把人作为机器的附属品到把人作为获取竞争优势的关键来源，人力资源管理理念产生了根本的转变。

（二）人力资源管理与企业战略的关系

在战略人力资源管理阶段，人力资源管理被看作制定与实施组织战略的核心职能。因为只有认识并解决整个战略管理框架中的人力资源问题，才能取得预期的成果。在战略人力资源管理阶段，人力资源职能与战略之间是一体化的关系，即一种动态的多方面的持续联系。在这一时期，人力资源管理者是高层管理团队中的一员，人力资源管理直接融入组织战略的形成与执行过程。人力资源管理者不仅向战略规划者提供关于人力资源的信息，帮助其作出最佳战略选择，而且在战略决策之后，通过开发和实施人力资源战略，由过去的执行者、协助者角色转化为关键参与者、倡导者、推动者及执行者。因此，人力资源管理的核心职能是参与战略决策，根据内、外部环境需要倡导并推动变革，进行组织整体的人力资源规划，并实践人力资源管理活动。

（三）管理目标

战略人力资源管理的目的是通过增加达到组织目标的可能性而对组织绩效作出贡献。在这一新的理念下，人力资源活动的价值取决于它是否能帮助组织获得竞争优势，是否对组织在提高绩效、实现战略目标等方面有战略作用。因此，组织由早期关注本部门的绩效向关注组织绩效转变，由关注短期利益向关注长期利益转变。

三、战略人力资源管理的基本理念

（一）强调人力资源管理对组织绩效贡献或企业财务结果的影响

人力资源管理系统对企业目标、绩效作出贡献，因此它是战略性的。在许多传统的维持竞争优势的资源（如技术和资本）中，几乎没有哪种资源比人力资源创造的竞争优势更具有持续性。

（二）强调人力资源战略和企业战略必须相匹配

企业战略与企业人力资源管理政策和实践之间的匹配程度对企业业绩有着深刻的影响。人力资源管理阶段，虽然人力资源管理开始在战略管理中担当战略制定与实施的双重角色，但这种联系是静态的和不连续的，结果造成人力资源职能与战略之间缺乏动态的适应性。企业虽然意识到人力也是一种资源，但并不认为是重要的战略性资源，而人力资源部门的工作也往往处于一种被动状态。

战略人力资源管理强调，人力资源管理只有与组织竞争战略等背景实现协调、适应才能创造竞争优势，而且一致性越强，组织的绩效越高。因此，人力资源管理与竞争战略的一致性是战略人力资源管理的核心理念，开发与竞争战略相适应的人力资源管理系统与实践成为战略人力资源管理的核心问题。在战略人力资源管理阶段，人力资源管理与组织战略达到完全整合，即一种动态的多方面的持续联系，这意味着在整个战略形成与实施过程中考虑人力资源问题，人力资源管理部门既是参与战略决策者，也是战略变革的推动者和战略的执行者。

（三）关注外部环境，并制定人力资源战略

外部环境的许多机会和威胁都是与人联系在一起的。例如，随着对高素质人才争夺的日趋激烈，企业已不仅仅为顾客而竞争，同时也在为高素质的员工而竞争。除了参与

企业战略的制定与实施外，人力资源职能还必须成为企业和外部环境的有效联结，即通过整合外界信息和资源，在企业内部进行功能调整以便企业适应环境的变化，尤其是要能够洞察到机遇和威胁，以提高企业的应变能力。

人力资源战略是使人力资源管理与组织战略思想相一致的手段，阐明如何通过人力资源管理以获得和保持竞争优势。由于企业的业务战略不同，对人力资源的要求不同，因而要求实施不同的人力资源战略。面对激烈的竞争环境，通常要求企业提高劳动生产率和削减劳动力规模，并要求员工具备多种不同的技能。因此，人力资源战略是在企业愿景的指导下，通过对企业内、外部环境的分析，制定帮助企业获取竞争优势的途径。在某些环境下，人力资源战略是企业战略的实现途径，它受企业战略的影响，服务于企业战略；在另一些环境下，由于人力资源或人力资源管理本身具有战略性资源的地位，人力资源战略就成为企业战略的主体。

（四）根据人力资源战略制定相应的人力资源规划

在所有的管理职能中，人力资源规划最具战略性和主动性。科学技术瞬息万变，而竞争环境也变幻莫测，这不仅使人力资源预测变得越来越困难，同时也变得越来越紧迫。人力资源管理部门必须对组织未来的人力资源供给和需求作出科学预测，保证组织能及时获得所需要的各种人力资源，进而保证实现组织的战略目标。所以，人力资源规划在各项管理职能中起着桥梁和纽带作用。

（五）各项人力资源实践之间完全整合

人力资源实践之间的适应强调了一种协同效应的存在。协同效应出现在很多领域，强调“整体大于部分之和”的理念。因此，协同被看作一种创造价值和竞争优势的方式。同样，人力资源实践之间的适应所产生的协同关系也使各自的效果相互加强，并强化了战略的需要，从而影响绩效和竞争优势的保持。例如，如果公司战略需要团队协作，那么以团队绩效为基础的薪酬制度将强化和促进战略的需要，而以团队为基础的绩效考评制度又为薪酬制度的实施提供了基础，并进一步强化了团队协作的要求；反之，如果采取以个人绩效为基础的薪酬制度和以团队为基础的绩效考评，将会形成相互对立关系，从而削弱战略目标所要求的团队合作的可能性，最终削弱组织的竞争力。战略人力资源管理的一般框架如图 2-1 所示。

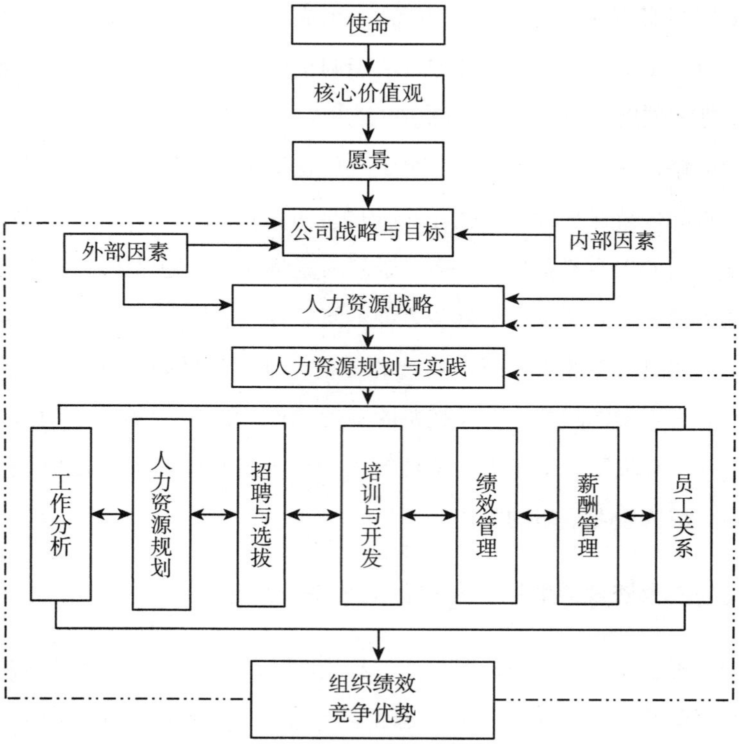

图 2－1　战略人力资源管理框架

苹果公司的人力资源管理实践是一个成功案例。苹果公司认为，生产最有创意的产品需要最有创意的员工。为了激励员工大胆创新，苹果公司创立了“苹果公司研究员计划”（Apple fellows program）。“苹果公司研究员”是苹果公司给予电子科学家的最高荣誉，授予那些为公司作出杰出贡献的员工。“苹果公司研究员”不仅仅是一项荣誉，同时还意味着高额的薪酬和大量的股票期权。而且，“苹果公司研究员”拥有自由做事的权利，可以做任何感兴趣的事情，从而最大限度地激发研究员的创造性。通过实施“苹果公司研究员计划”，苹果公司给研发人员提供工作上、生活上的一切便利，因为公司知道，稳住这些技术人员，不让他们“跳槽”，是公司将来研发新产品的关键。

第二节　战略绩效管理系统

一、绩效管理在人力资源管理中的地位

绩效管理是人力资源管理系统的核心职能，它在人力资源管理中起着关键的作用。

（一）绩效评价结果在员工招聘方面有重要作用

绩效评价结果可以为员工招聘与选拔实践的有效性提供反馈信息，进而改进相关流程与工具。例如，对于绩效评价不佳的员工，如果是由于员工的素质产生的问题，可能说明选拔方法的有效性不足。

（二）绩效管理为职位管理提供决策依据

绩效评价结果与员工能力评价结果相结合，可以更好地对员工岗位变动进行决策。例如，升迁、平级调动还是末位淘汰都与员工绩效评价的结果直接相关。

（三）通过绩效评价和绩效分析可以提高培训的针对性与有效性

通过绩效分析发现员工由于个人知识不足、技能方面欠缺等导致不能胜任工作时，可以有针对性地对这些方面进行培训。组织也可以针对未来的战略变化进行规划，以确保员工适应组织未来业务发展对其能力的需求。另外，绩效评价结果也可以作为培训的依据，即用绩效评价结果衡量培训的效果。

（四）绩效管理是薪酬分配和调整的重要依据

为了强调薪酬的公平性并发挥薪酬的激励作用，许多组织实施以个人绩效为导向的激励计划，即把员工的绩效评价结果与其所获得的经济报酬紧密联系在一起。根据绩效评价结果的等级发放相应的绩效薪酬，从而激励员工努力提升绩效。以个人绩效为导向的报酬激励计划的核心在于，以员工个人的绩效评价结果为依据来确定员工的可变报酬收入。

（五）绩效评价结果为组织进行绩效诊断和绩效改进提供了依据

绩效管理的核心目的是改进个体与组织的绩效，通过对绩效管理结果进行分析，找出影响员工绩效的组织因素与个体因素，从而进行正确的管理决策，采取有针对性的行动以达到改进个体与组织绩效的目的。

二、战略绩效管理框架

目标管理法、平衡计分卡以及关键绩效指标法等工具在组织绩效管理中被广泛运用，标志着绩效管理进入战略绩效管理阶段。这些方法都强调组织战略在绩效管理中的地位，强调基于组织战略及其目标的任务分解与评价过程。因此，对战略绩效管理的关注往往与这些方法结合在一起进行讨论。

本书以战略人力资源管理理论为基础，综合国内外绩效管理理论，提出了一个战略绩效管理的框架，如图 2－2 所示。

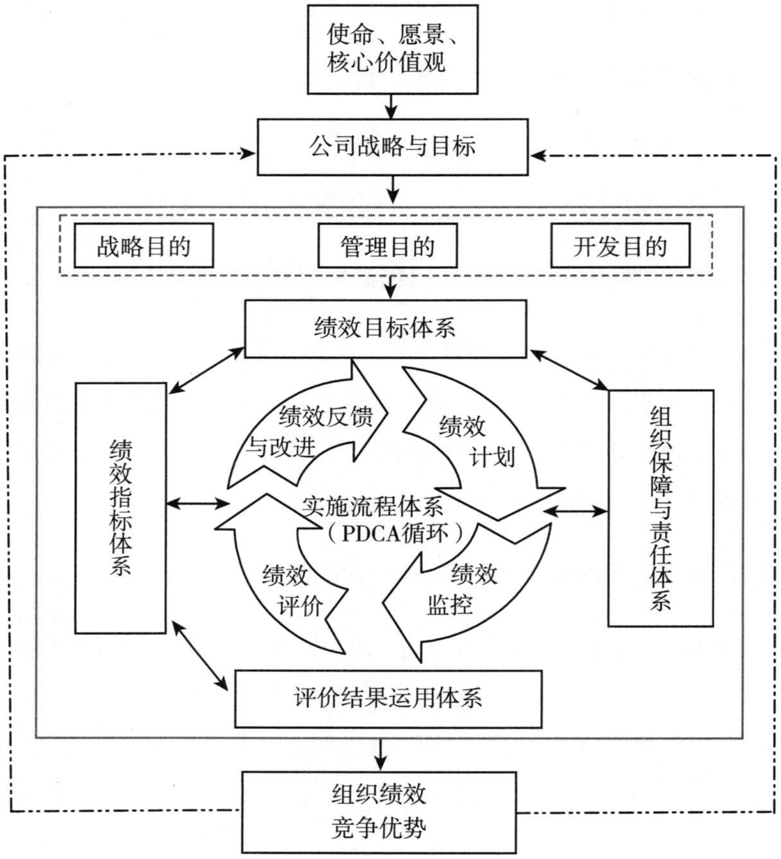

图 2－2　战略绩效管理系统框架

该框架表明，首先，战略绩效管理系统必须建立在组织战略及目标的基础上，所有部门以及员工的工作标准、目标都必须与组织的使命、愿景、核心价值观以及相应的战略与目标相一致，不同的使命、愿景、价值观与战略目标会产生不同的绩效管理体系。其次，战略绩效管理系统是实现组织战略目标的重要手段，尽管不同组织系统的目的可能不同，但它们存在共同之处，即都由几个绩效管理子系统构成，如绩效目标系统、绩效指标系统、组织与责任系统、绩效结果运用系统等。战略绩效管理系统的运行流程表现为一个封闭的 PDCA 管理循环，具体的活动是从绩效计划开始，经过绩效监控、绩效评价、绩效反馈等环节，最终影响组织的绩效与竞争优势。

三、战略绩效管理给组织带来的优势

战略人力资源管理理念强调，组织的人力资源管理必须与组织战略相契合；同时，组织的人力资源管理各项政策与实践之间也必须保持一致或契合。绩效管理作为人力资源管理的重要组成部分，必须与组织战略以及与组织战略相契合的人力资源管理各项制度相一致。

战略绩效管理不只是针对过去进行评估，还要解决如何达到组织战略目标。因此，一个有效的绩效管理系统首先要根据公司的战略目标制定各部门和员工的目标，这是落实公司战略的手段。战略绩效管理体系是从企业远景和经营战略的角度出发，并以战略为导向的一套科学的管理体系，绩效管理是战略管理的一个非常重要的有机组成部分。

战略绩效管理通过与组织战略规划、人力资源战略的整合可以给组织带来许多传统绩效考核没有的优势，主要表现在以下几个方面。

（一）组织目标更加清晰

战略绩效管理的特点是把企业的经营目标转化为详尽的、可测量的标准，从而使各级部门以及员工对组织目标和岗位目标的认识十分清晰，增进目标本身的激励作用。它还提供了一条纽带，即把员工的工作职责和公司的目标连接起来，通过参与目标制定增进上下级之间的沟通，增进员工对组织目标的理解与认同。

（二）强化员工的工作动力

战略绩效管理通过明确的、有挑战性的目标产生的压力激发员工的工作热情，配合运用物质与精神等激励机制对员工产生一定的推力，通过让员工参与绩效管理过程、获取绩效反馈信息等手段强化员工的工作动机。与绩效考核不同，战略绩效管理不单纯关注个体层面的考核，而是注重组织整体绩效的提升，有助于消除员工对绩效考核的不认同感与敌对感。

（三）持续改进工作，提高组织效率

战略绩效管理体系的目的是通过改进个体以及组织绩效最终提高组织整体绩效。绩效管理从绩效计划出发，通过绩效辅导、评价与反馈等环节，促进个人与团队发现绩效问题，制订改进计划，从而实现绩效水平的持续提高。与绩效评价不同，战略绩效管理

通过层层分解战略目标，实施封闭的 PDCA 管理循环，不仅有助于个体绩效的改进，更重视整体绩效，通过个体以及团队绩效的改进实现提高组织效率的目的。例如，华为公司注重长期发展，通过提高员工的个人绩效来提高组织的总体绩效，从而实现公司的战略目标。

（四）有助于实现组织战略目标

战略绩效管理通过绩效评价指标体系来引导员工的行为，使得员工努力与组织战略保持一致；提高员工积极性，使部门与公司整体得到有效发展，确保总目标的实现。

传统绩效管理对组织目标与团队及个人绩效缺乏协同与整合，导致三者相互之间的绩效优劣不存在必然联系。战略导向绩效管理则强调三者之间的相互分解与整合关系，只要员工实现了卓越的绩效，就会实现部门的绩效，部门绩效的实现最终保证了组织整体绩效的实现。

第三节 战略绩效管理的发展演变过程

与人力资源管理理念的发展演变相对应，企业绩效管理也经历了从绩效考核、绩效管理到战略绩效管理三个阶段。

一、绩效考核阶段

绩效考核就是建立标准、测量实际绩效并进行评价的过程，是定期对员工的工作进行评价的过程。

（一）产生背景

绩效考核的历史十分久远。我国古代对官吏的管理体现了丰富的绩效考核思想以及考评方法。在西方，自从 1842 年美国联邦政府开始对其员工进行考核以后，绩效评估程序开始流行，有关绩效考核的一些理念逐步形成。

在企业绩效考核领域，罗伯特·欧文（Robert Owen）被认为是在企业中尝试绩效考核的先驱者。作为一个英国的工场主，欧文率先在其工场里实行了一系列的人力资源管理制度。在绩效考核上，他利用不同颜色的小木块来评价员工的工作，根据员工的工作结果，在员工下班后每天给机器挂上不同颜色的木块以代表对其工作的评价，这开创了企业绩效考核的先河，被称为“无声的监听器”。

1911 年，泰勒在《科学管理原理》一书中提出的科学管理理论也促进了员工绩效考核方法的形成，一直沿用至今的定额管理、标准化、有差别的计件工资制等管理方法都是科学管理理论的结晶。然而，这一时期绩效考核的主要目的是区分绩效差异，以便采取公平的人事决策，包括留用、奖金发放、加薪及晋升等。

（二）主要特点

1. 以管理控制为目的

传统绩效考核的主要目的是对员工进行控制而非改善绩效。通过考核确认工作执行人员的绩效水平，决定奖惩、奖金分配、提薪、调职、晋升等人力资源管理决策。尽管是通过考核激励员工努力工作，但是员工绩效改善和能力的不断提高依赖于奖惩制度，由此带来的消极影响表现在：一是员工改善绩效的动力来自利益的驱使和对惩罚的惧怕；二是过分依赖考核制度而削弱了组织各级管理者在改善绩效方面的责任；三是单纯依赖定期的、既成绩效的评估而忽略了对工作过程的控制和督导；四是由于管理者充当警察的角色，考核就是挑员工的毛病，因此造成管理者与被管理者之间的对立与冲突。

2. 强调绩效结果，忽视绩效形成过程

传统的绩效考核注重考核结果，而忽视了考核过程应起的作用，结果导致绩效的形成过程是不可控制的，不利于提高绩效，更不利于员工技能的改善。一是起不到控制作用。公司各部门的主管都把考核工作看成每年一度的例行仪式，对组织绩效不能起到改善的作用。二是员工抵触。传统绩效考核既缺乏事先沟通也缺乏事后沟通，造成员工对考核内容不知情，对考核结果处于失控的状态，从而引起员工的不满与抵制。

3. 缺乏沟通与反馈

绩效考核的重点是事后考核，忽视了员工的认可和接受。组织单纯实施并强调绩效考核，关于绩效目标的确定、考核的标准往往由高层管理人员与人力资源部门决定，员工缺乏对绩效考核相关过程与结果的了解，也不清楚考核的标准与工作的关系，加上对考核后的结果也缺少反馈信息，最终导致员工的抵触。缺乏沟通和共识的绩效指标在经理和员工之间形成先天的障碍，造成员工和经理之间认识的分歧。由于员工缺乏了解，导致绩效考核就是一个评价表（一年一次的填表），或者成为迫使员工努力工作的棍棒。

4. 不封闭

传统的绩效考核强调“事后的评价”，强调对结果的评价而非对工作的指导，导致绩效考核是一个不连续的、阶段性的工作。这种缺乏封闭的活动往往与组织的绩效目标无关，也往往不能对绩效的改进产生影响，最终起不到改善员工与组织绩效的作用。

二、绩效管理阶段

（一）产生背景

20 世纪 60 年代以后，人力资源管理从传统的以事务管理为特点的人事管理进入重视人的作用、职能更加完善的人力资源管理阶段，绩效考核因而发展到与人力资源管理理念相符的绩效管理阶段。

绩效管理是建立绩效计划、实施绩效辅导、进行绩效评价，以期改善员工和组织绩效的过程。绩效管理是一个对组织绩效、部门绩效和个人绩效进行全面管理的体系，是管理者与员工之间在制定目标和如何实现目标上达成共识的过程，更加强调绩效管理中的全过程、全要素，而不仅仅是考核一个环节和单独的员工个体层面。

因此，20 世纪 60 年代以后，传统的绩效考核逐渐被绩效管理理念所取代。绩效管理强调，其主要目的是改进组织绩效，而不仅仅是人力资源决策，系统的绩效管理流程取代了传统的只注重结果评价的绩效考核体系。

（二）主要特点

绩效管理阶段的特点主要表现在以下几个方面。

1. 以绩效改进为目的

绩效管理的核心目的在于激励和帮助员工不断提高自己的能力、素质和工作绩效，改进与提高组织绩效水平，实现组织目标，促进员工发展。

绩效管理与绩效考核的区别是，绩效管理关注员工绩效以促进企业绩效的改善。因此，对于绩效管理来说，考核不是目的而是手段，绩效管理的各个环节都是围绕改进组织绩效这个目的进行的。绩效管理不仅仅着眼于工作中存在问题的员工，更重要的是提高现有的绩效水平，从而更好地实现组织的目标。

2. 重视实现绩效的过程，也重视结果

绩效管理是通过绩效计划的制订、沟通、考核及改进等一系列过程改进组织绩效的活动。绩效的改进不仅来自对旧过程的事后检验，更重要的是依靠实施过程达到改进绩效的目的。因此，绩效管理不是简单的任务管理，而是通过各个层级、部门以及个人共同努力、相互协作不断提升组织绩效的过程，贯穿于员工、部门、企业每天执行的各项工作之中。

3. 持续的、双向的沟通过程

绩效管理特别注重事先的沟通与承诺，侧重于信息沟通以提高绩效。与绩效考核不同，绩效管理是管理者和员工持续地双向沟通的一个过程，在这个过程中，上级和下级就绩效目标达成协议，并以此为导向，进行持续的双向沟通，帮助员工不断提高工作绩效，完成工作目标。因此，绩效管理强调各级管理者在绩效管理中的责任，他们不仅仅是在考核期末对员工进行打分评价，更重要的是为员工实施绩效目标提供支持、建议和服务。

4. 一个封闭的过程

企业的绩效管理过程是以员工绩效为基本单元进行的系统的、全面的计划、组织、监督、协调和控制的过程。其中，绩效考核是绩效管理的核心内容，是绩效管理的一个非常重要的环节。

绩效管理是一个由若干环节构成的封闭的系统，通过各个环节的工作、相互协调达到绩效管理的目的，强调通过计划、辅导、考核、反馈和改进等手段来促使部门及员工个人提高绩效，以确保公司战略目标的实现。

有效的绩效管理必须有明确合理的绩效计划，即首先确定组织对员工的绩效期望并得到员工的认可。绩效计划必须清楚地说明期望员工达到的工作结果，以及为达到这一结果所期望的行为和技能等。而计划只有通过辅导与沟通才能落实，因此沟通是不可或缺的环节，而考核的实施则是计划期末综合收集员工绩效信息的过程，这一结果通过有效的绩效反馈传递给员工，并通过制订绩效改进计划形成下一阶段考核的目标、任务及保障手段。因此，绩效管理与只注重考评的绩效考核不同。为了改进个人与组织的绩效，绩效管理是一个循序渐进、不断往复的周而复始的封闭的过程。绩效考核与绩效管理的区别如表 2－1 所示。

表 2－1　　　　绩效考核与绩效管理的区别

绩效管理	绩效考核
伴随管理活动的全过程	只出现在特定时期
注重沟通与反馈	注重结果
一个完整的封闭管理过程	管理过程中的局部环节和手段，不封闭
事先的沟通与承诺	事后的评价
以绩效改进为目的	以管理控制为目的

三、战略绩效管理阶段

20 世纪 90 年代以来，随着战略人力资源管理理念的出现，战略导向成为绩效管理的最新理念。

战略导向的绩效管理是通过对企业目标的建立、分解和评价，将员工的个人目标与部门、企业战略目标相结合，以激励员工改进绩效并最终实现组织战略目标的一种管理活动。

（一）产生背景

20 世纪 80 年代以后，绩效管理理论和实践中仍然面临巨大的挑战：（1）绩效管理与企业战略脱节，不能反映企业的战略目标；（2）组织绩效与团队、个人绩效之间不能衔接，相互之间的绩效优劣不存在必然联系；（3）企业追求短期目标，忽视了影响企业生存的长期目标的考核；（4）绩效管理的目的单一，大多数企业把绩效考核作为管控员工的重要手段，忽视了员工发展等个体的需求及其对企业绩效的长期影响，导致企业缺乏长期发展的机制。

（二）主要特点

1. 绩效管理与战略管理融为一体，以实现战略目标为目的

现代管理理论认为，绩效管理是战略管理的一个非常重要的有机组成部分。企业战略是关于如何完成公司或业务单位的使命和目标的一系列决策和行动计划。战略管理是对战略的形成与实施过程的管理，包括四个组成部分（或步骤）：企业内外部环境分析、战略的制定、战略的实施、测评与监控。绩效管理则是战略管理第四个部分——测评与监控的最重要的构成要素，是具有战略性高度的管理制度体系。

2. 与企业目标、价值相联系

传统绩效管理的弊端之一是考核指标与企业价值没有联系，导致员工、部门的绩效与企业战略目标的实现缺乏必然的联系。战略导向的绩效管理通过把组织目标、部门目标进行层层分解，保证了目标之间的内在一致性。

3. 个人考核与部门、企业考核相联系

战略绩效管理通过对战略实施（行动）过程的管理来实现企业的战略目标，强调个人、部门与组织绩效之间的密切关系，通过目标的层层分解和落实达到对实现组织战略目标的保证。随着 20 世纪 90 年代以来知识经济的迅猛发展，战略导向的绩效管理一经

提出便得到广泛的认同。

4. 绩效管理促进了核心竞争力

战略导向的绩效管理是战略管理的一个非常重要的有机组成部分。通过把绩效管理与战略管理结合起来，从企业战略的高度设立企业总体目标并进行层层分解，保证了短期目标的实现，更重要的是使员工的日常工作与组织核心能力的提升联系起来，因此，个人、部门绩效的实现同时也是组织目标以及能力的提升过程。

第四节 战略绩效管理的方法

从企业战略的高度设立企业总体目标并进行后续绩效管理的理论方法体系，目前世界范围内广泛应用的主要有平衡计分法、关键绩效指标法、目标管理法和标杆瞄准法等。

一、平衡计分法

平衡计分法是由哈佛大学商学院著名教授罗伯特·卡普兰和诺顿研究所所长大卫·诺顿于20世纪90年代初创立的。平衡计分法明确提出，绩效管理就是要让企业的每一位员工每天的行动都与企业的战略挂钩，其优点是既强调了绩效管理与企业战略之间的紧密关系，又提出了一套具体的指标框架体系。由于该方法具有强有力的理论基础和便于操作的特点，一经提出便迅速在发达国家的企业和政府得到广泛的应用。

平衡计分卡（balanced score card，BSC）是一种绩效管理的工具，它将企业战略目标逐层分解转化为各种具体的相互平衡的绩效考核指标体系，并对这些指标的实现进行周期性的考核，从而为企业战略目标的实现建立起可靠的执行基础。平衡计分卡从财务、顾客、内部流程、学习与成长四个角度关注企业绩效，把公司的战略和使命转化成具体的目标和测评指标，建立起一套完整的、全面的绩效评价体系。

二、关键绩效指标法

关键绩效指标（key performance indicator or key performance index，KPI）是指对企业的生存与发展起关键作用的员工行为和表现。它体现了对企业目标有增值作用的绩效评估标准。基于关键绩效指标进行绩效评估，可以保证真正对企业有贡献的行为受到鼓励，真正实现企业业绩的提高。可以说，关键绩效指标是连接个体绩效与企业目标的一个桥梁。

关键绩效指标法符合一个重要的管理原理——二八原理。在每一位员工身上，二八原理同样适用，即 80% 的工作任务是由 20% 的关键行为完成的。因此，必须抓住 20% 的关键行为，对之进行分析和衡量，这样就能抓住业绩评价的重心。

关键绩效指标是对公司及组织运作过程中的关键要素的提炼和归纳。因此，关键绩效指标具有以下特征：（1）将员工的工作与公司远景、战略及部门的目标任务相连接，层层分解、层层支持，使每一位员工的个人绩效与部门绩效和公司的整体效益直接挂钩；（2）保证员工的绩效与内、外部客户的价值相连接，共同为实现客户的价值服务；（3）员工绩效考核指标的设计是基于公司的发展战略与流程，而非岗位的功能，在设计关键绩效指标时，必须符合明智（SMART）原则。

三、目标管理法

目标管理法（management by objectives，MBO）是指上下级共同确定组织的总目标和个人的分目标，并以此作为经营、评估企业与员工绩效的标准。1954 年德鲁克在其名著《管理的实践》一书中，将这一原则定义为目标管理和自我控制。

概括地说，目标管理首先由一个组织中的上级管理人员与下级管理人员、员工一起制定组织目标，并由此形成组织内每一位成员的责任和分目标，明确规定每个人的职责范围，最后又用这些目标来进行管理、评价，并决定对每一个部门和成员的奖惩。

因此，目标管理是一种程序或过程，它使组织中的上下级一起协商，根据组织的使命确定一定时期内组织的总目标，由此决定上下级的责任和分目标，并把这些目标作为组织经营、评估和奖励的标准。

我们可以从以下几个方面来理解目标管理。

（1）目标管理是员工参与管理与自我控制相结合的一种管理形式。

（2）目标管理强调员工个人目标与组织目标保持一致。目标管理法通过一种专门设计的过程使目标具有可操作性，这种过程一级接一级地将目标分解到组织的各个单位。

（3）目标管理以制定目标为起点，强调结果为导向。目标管理法属于一种结果导向型的考评方法，以实际产出为基础，考评的重点是员工工作的成效和劳动的结果。

（4）目标管理不是用目标来控制下级，而是用它们来激励下级。目标管理法通常有 4 个共同的要素，即明确目标、参与决策、规定期限和反馈绩效。

（5）目标管理是领导者与下属之间双向互动的过程，由员工与主管协商制定个人目标。

基于目标管理的绩效管理过程包括四个阶段。第一阶段：目标制定（绩效计划）；第二阶段：目标分解（绩效计划）；第三阶段：目标实施（绩效监控）；第四阶段：评价与反馈（绩效评价与绩效反馈）。

四、标杆瞄准法

标杆瞄准法（benchmarking）是指以优秀企业的绩效作为本企业绩效的目标和标准，从而赶超一流企业、创造高绩效的过程。

标杆瞄准法的不同之处在于，与组织的核心能力相关的部分或全部目标与指标的确定是以本组织对标的目标单位的绩效水平为基准，从而作为促进本组织提升绩效的一种途径。该方法的实施流程与其他绩效管理手段一样遵循 PDCA 流程，也可以与目标管理法及其他几种战略绩效管理法结合使用。

思考题

1. 什么是战略绩效管理？它有哪些特征？
2. 比较绩效考核、绩效管理与战略绩效管理的区别。

案例分析

绩效主义毁了索尼?

2006 年索尼公司迎来了创业 60 年。过去它像钻石一样晶莹璀璨，而今却变得满身污垢、暗淡无光。因笔记本电脑锂电池着火事故，世界上使用索尼产锂电池的约 960 万台笔记本电脑被召回，估计更换电池的费用将达 510 亿日元。

PS3 游戏机曾被视为索尼的“救星”，在上市当天就销售一空。但因为关键部件批量生产的速度跟不上，索尼被迫控制整机的生产数量。PS3 是尖端产品，生产成本也很高，据说卖一台索尼就亏 3.5 万日元。索尼的销售部门预计，2007 年 3 月进行年度结算时，游戏机部门的经营亏损将达 2000 亿日元。

多数人觉察到索尼不正常恐怕是在 2003 年春天。当时据索尼公布，一个季度就出现约 1000 亿日元的亏损。市场上甚至出现了“索尼冲击”，索尼公司股票连续两天跌停。坦率地说，作为索尼的旧员工，我当时也感到震惊。但回过头来仔细想想，从发生“索尼冲击”的两年前开始，公司内的气氛就已经不正常了。身心疲惫的职工急剧增加。

回想起来，索尼是在长期内不知不觉慢慢地退化的。

“激情集团”消失了

我是1964年以设计人员的身份进入索尼的。因半导体收音机和录音机的普及，索尼那时实现了奇迹般的发展。当时企业的规模还不是很大，但是“索尼神话”受到了社会的普遍关注。从进入公司到2006年离开公司，我在索尼愉快地送走了40年的岁月。

我46岁就当上了索尼公司的董事，后来成为常务董事。因此，对索尼近年来发生的事情，我感到自己也有很大责任。伟大的创业者井深大的影响为什么如今在索尼荡然无存了呢？索尼的辉煌时代与今天有什么区别呢？

首先，“激情集团”不存在了。所谓“激情集团”，是指我参与开发CD技术时期，公司那些不知疲倦、全身心投入开发的集体。在创业初期，这样的“激情集团”接连开发出了具有独创性的产品。索尼当初之所以能做到这一点，是因为有井深大的领导。

井深大最让人佩服的一点是，他能点燃技术开发人员心中之火，让他们变成为技术献身的“狂人”。在刚刚进入公司时，我曾和井深大进行过激烈争论。井深大对新人并不是采取高压态度，他尊重我的意见。

为了不辜负他对我的信任，我当年也同样潜心于研发工作。比我进公司更早，也受到井深大影响的那些人，在井深大退出第一线后的很长一段时间，仍以井深大的作风影响着全公司。当这些人不在了，索尼也就开始逐渐衰败。

从事技术开发的团体进入开发的忘我状态时，就成了“激情集团”。要进入这种状态，其中最重要的条件就是“基于自发的动机”的行动。比如“想通过自己的努力开发机器人”，就是一种发自内心的冲动。

与此相反的是“外部的动机”，比如想赚钱、升职或出名，即想得到来自外部回报的心理状态。如果没有发自内心的热情，而是出于“想赚钱或升职”的世俗动机，那是无法成为“开发狂人”的。

“挑战精神”消失了

今天的索尼职工好像没有了自发的动机。为什么呢？我认为是因为实行了绩效主义。绩效主义就是：“业务成果和金钱报酬直接挂钩，职工是为了拿到更多报酬而努力工作。”如果外在的动机增强，那么自发的动机就会受到抑制。

如果总是说“你努力干我就给你加工资”，那么以工作为乐趣这种内在的意识就会受到抑制。从1995年左右开始，索尼公司逐渐实行绩效主义，成立了专门机构，制定非常详细的评价标准，并根据对每个人的评价确定报酬。

但是井深大的想法与绩效主义恰恰相反，他有一句口头禅：“工作的报酬是工作。”如果你干了件受到好评的工作，下次你还可以再干更好的工作。在井深大的时代，许多人为追求工作的乐趣而埋头苦干。

但是，因实行绩效主义，职工逐渐失去工作热情。在这种情况下是无法产生“激情集团”的。为衡量业绩，首先必须把各种工作要素量化。但是工作是无法简单量化的。公司为统计业绩，花费了大量的精力和时间，而在真正的工作上却敷衍了事，出现了本末倒置的倾向。

因为要考核业绩，几乎所有人都提出容易实现的低目标，可以说索尼精神的核心即“挑战精神”消失了。因实行绩效主义，索尼公司内追求眼前利益的风气蔓延。这样一来，短期内难见效益的工作，比如产品质量检验以及“老化处理”工序都受到轻视。

“老化处理”是保证电池质量的工序之一。电池制造出来之后不能立刻出厂，需要放置一段时间，再通过检查剔除不合格产品。这就是“老化处理”。至于“老化处理”程序上的问题是否是上面提到的锂电池着火事故的直接原因，现在尚无法下结论。但我想指出的是，不管是什么样的企业，只要实行绩效主义，一些扎实细致的工作就容易被忽视。

索尼公司不仅对每个人进行考核，还对每个业务部门进行经济考核，由此决定整个业务部门的报酬。最后导致的结果是，业务部门相互拆台，都想方设法从公司的整体利益中为本部门多捞取好处。

团队精神消失了

2004 年 2 月底，我在美国见到了“涌流理论”的代表人物奇凯岑特米哈伊教授，并聆听了他的讲演。讲演一开始，大屏幕上放映的一段话是我自进入索尼公司以来多次读过的，只不过被译成了英文。

“建立公司的目的：建设理想的工厂，在这个工厂里，应该有自由、豁达、愉快的气氛，让每个认真工作的技术人员最大限度地发挥技能。”这正是索尼公司的创立宗旨。索尼公司失去活力，就是因为实行了绩效主义。

没有想到，我是在绩效主义的发源地美国，聆听用索尼的创建宗旨来否定绩效主义的“涌流理论”。这使我深受触动。绩效主义企图把人的能力量化，以此做出客观、公正的评价。但我认为事实上做不到。它的最大弊端是搞坏了公司内的气氛。上司不把部下当有感情的人看待，而是一切都看指标、用“评价的目光”审视部下。

不久前我在整理藏书时翻出一封信。那是我为开发天线到东北大学进修时，给上司写信打的草稿。有一次我逃学跑去滑雪，刚好赶上索尼公司的部长来学校视察。我写那封信是为了向部长道歉。

实际上，在我身上不止一次发生过那类事情，但我从来没有受到上司的斥责。上司相信，虽然我贪玩，但对研究工作非常认真。当时我的上司不是用“评价的眼光”看我，而是把我当成自己的孩子。对企业员工来说，需要的就是这种温情和信任。

过去在一些日本企业，即便部下做得有点出格，上司也不那么苛求，工作失败了也敢于为部下承担责任。另一方面，尽管部下在喝酒的时候说上司的坏话，但在实际工作中仍非常支持上司。后来强化了管理，实行了看上去很合理的评价制度。于是大家都极力逃避责任。这样一来就不可能有团队精神。

创新先锋沦为落伍者

不单索尼，现在许多公司都花费大量人力物力引进评价体制。但这些企业的业绩似乎都在下滑。

索尼公司是最早引进美国式合理主义经营理论的企业之一。而公司创始人井深大的经营理念谈不上所谓“合理”。1968 年 10 月上市的单枪三束彩色显像管电视机的开发，就是最有代表性的例子。

当时索尼在电视机的市场竞争中处于劣势，几乎到了破产的边缘。即便如此，井深大仍坚持独自开发单枪三束彩色显像管电视机。这种彩色电视机画质好，一上市就大受好评。其后 30 年，这种电视机的销售一直是索尼公司的主要收入来源。

但是，“干别人不干的事情”这种追求独自开发的精神，恐怕不符合今天只看收益的企业管理理论。索尼当时如果采用和其他公司一样的技术，立刻就可以在市场上销售自己的产品，当初也许就不会有破产的担心了。

投入巨额费用和很多时间进行的技术开发取得成功后，为了制造产品，还需要有更大规模的设备投资，亦需要招募新员工。但是，从长期角度看，索尼公司积累了技术，培养了技术人员。此外，人们都认为“索尼是追求独特技术的公司”，大大提升了索尼的品牌形象。

更重要的是，这种独自开发能给索尼员工带来荣誉感，他们都为自己是“最尖端企业的一员”而感到骄傲。单枪三束彩色显像管电视机之所以能长期成为索尼公司的收入来源，是因为技术开发人员怀着荣誉感和极大热情，不断对技术进行改良。

具有讽刺意味的是，因单枪三束彩色显像管电视机获得成功而沾沾自喜的索尼，却在液晶和等离子薄型电视机的开发方面落后了。实际上，井深大曾说过："我们必须自己开发出让单枪三束彩色显像管成为落伍产品的新技术。"包括我自己在内的索尼公司高管没有铭记井深大的话。

如今，索尼采取了极为"合理的"经营方针。不是自己开发新技术，而是同三星公司合作，建立了液晶显示屏制造公司。由这家合资公司提供零部件生产的液晶电视机"BRAVIA"非常畅销，从而使索尼公司暂时摆脱了困境。但对于我这个熟悉索尼成长史的人来说，总不免有一种怀旧感，因为索尼现在在基础开发能力方面，与井深大时代相比存在很大差距。今天的索尼为避免危机采取了临时抱佛脚的做法。

高层主管是关键

今天的索尼与井深大时代的最大区别是什么呢？那就是在"自豪感"方面的差别。当年创始人井深大和公司员工都有一种自信心：努力争先，创造历史。

当时索尼并不在意其他公司在开发什么产品。某大家电公司的产品曾被嘲讽为"照猫画虎"，今天索尼也开始照猫画虎了。一味地左顾右盼，无法走在时代的前头。在我开发"爱宝"机器狗的时候，索尼的实力已经开始衰落了，公司不得不采取冒险一搏的做法，但是出现亏损后，又遭到公司内部的批评，结果不得不后退。今天的索尼已经没有了向新目标挑战的"体力"，同时也失去了把新技术拿出来让社会检验的胆识。在导致索尼受挫的几个因素中，公司最高领导人的态度是其中最根本的原因。

在索尼充满活力、蓬勃发展的时期，公司内流行这样的说法："如果你真的有了新点子，来。"也就是说那就背着上司把它搞出来，与其口头上说说，不如拿出真东西来更直接。但是如果上司总是以冷漠的、"评价的眼光"来看自己，恐怕没有人愿意背着上司干事情，那是自找麻烦。如果人们没有自己受到信任的意识，也就不会向新的更高的目标发起挑战了。在过去，有些索尼员工根本不畏惧上司的权威，上司也欣赏和信任这样的部下。

所以，能否让职工热情焕发，关键要看最高领导人的姿态。索尼当年之所以取得被视为"神话"的业绩，也正是因为有井深大。但是，井深大的经营理念没有系统化，也没有被继承下来。也许是因为井深大当时并没有意识到自己经营理念的重要性。

我尝试着把井深大等前辈的经营理念系统化、文字化，出版了《经营革命》一书。在这本书中，我把井深大等人的经营称为"长老型经营"。所谓"长老"是指德高望重的人。德高望重者为公司的最高领导人，整个集团会拧成一股绳，充满斗志地向目标迈进。

在今天的日本企业中，患抑郁症等疾病的人越来越多。这是因为公司内有不称职的上司，推行的是不负责任的合理主义经营方式，给职工带来了苦恼。

不论是在什么时代，也不论是在哪个国家，企业都应该注重员工的主观能动性。这也正是索尼在创立公司的宗旨中强调的“自由，豁达，愉快”。

过去人们都把索尼称为“21世纪型企业”。具有讽刺意味的是，进入21世纪后，索尼反而退化成了“20世纪型企业”。我殷切希望索尼能重现往日辉煌。

资料来源：［日］天外伺郎，《绩效主义毁了索尼》，载于《文艺春秋》2007年第1期。

问题

1. 作者认为实行绩效考核导致索尼公司的失败，同意作者的观点吗？为什么？
2. 一家公司如何在实施绩效考核中避免像索尼公司出现的类似的问题？

第三章

绩效管理体系及其开发

【学习目标】

1. 理解绩效管理体系的含义与构成。
2. 理解绩效管理体系的不同目的。
3. 掌握绩效管理体系的开发与实施流程。

第一节 绩效管理体系及其功能

一、绩效管理体系简介

体系或系统是指为实现规定功能以达到某一目标而构成的相互关联的一个集合体或装置（部件）。

组织作为一个由个人组成的协作系统，其管理过程是由一系列不同层级的子系统构成的。其中，组织的人力资源体系或系统是包括招聘、选拔、培训开发、绩效管理等一系列人力资源管理活动的总称，其目标是对人力资源进行有效的管理以便更好地实现组织目标。绩效管理体系就是人力资源管理的一个子系统，是人力资源管理系统的核心。

绩效管理体系是个人、部门、组织及流程的有机整合，是一套实施绩效管理的系统的制度文件。它是以组织单位规章、规则的形式，对实施绩效管理的程序、步骤、方法、原则和要求所作的统一规定。可以从以下几个方面来理解绩效管理体系。

（一）绩效管理体系是人力资源管理的一个子系统

绩效管理是影响组织绩效的战略管理的一部分，它是一个系统而不是一项工作。它涉及组织的每一个人、每一个环节。它与人力资源管理其他模块之间具有非常密切的联系。尤其是，战略人力资源管理强调，组织绩效管理与战略管理的整合是战略人力资源管理目标实现的手段，也是组织战略体系的一部分。

（二）绩效管理体系是组织实施绩效管理活动的准则和行为规范

实施绩效管理需要一个完整的制度设计，这是一套关于绩效管理实施的系统文件，是个人与部门以及流程的有机整合，以达到管理员工和组织绩效的目的。例如，在绩效管理过程中不同部门、个人应完成的职责，部门或者个人按照怎样的流程实施绩效管理活动等。

（三）绩效管理体系由多个相互关联的部分构成

一套完整的绩效管理体系至少包括多个子体系，如组织保证体系、绩效目标体系、评价指标体系、管理过程体系、评价结果运用体系等。

绩效管理体系一般包括以下内容：（1）绩效管理的目的、宗旨；（2）绩效管理组织机构、人员及其工作职责；（3）绩效考评的指标体系与考评标准和范围；（4）不同类别员工采用的不同考评方法；（5）实施绩效考评的具体时间和期限；（6）绩效考评具体实施的程序和步骤；（7）绩效考评结果整理与反馈的步骤和方法；（8）绩效管理总结、考评结果应用与工作改进。

（四）绩效管理体系具有不同的功能

绩效管理体系是组织实现其目标的工具，然而不同组织运用这一工具的目的也不尽相同，这些目的可以分为战略目的、管理目的、开发目的等。

二、绩效管理体系对组织的贡献

一套好的绩效管理体系对于组织有许多益处，主要表现在以下几个方面。

（一）强化员工完成工作的积极性

强化理论认为，行为的结果会对行为本身具有反作用。因此，在知晓个人行为结果反馈的情况下，个人达成未来绩效的动力会增强。这就要求企业必须建立绩效与奖励间的明显联系，其作用不在于肯定过去，而在于引导将来，引导员工为了获得回报而努力工作，使得绩效创造的过程不会因为回报而停滞，相反会因为新的回报的存在而促使员工更加充分地挖掘自身潜能，完成更高、更优的绩效。

（二）使组织目标更加清晰

绩效管理体系通过绩效计划制订了组织的目标以及各个层级的目标，并建立起个体与组织目标之间的关系，从而明确了工作目标，使员工更好地理解个人努力与组织绩效之间的关系。

（三）有助于留住优秀的员工

绩效管理体系通过绩效评价环节能够使组织对员工进行区分，进而针对不同绩效等级的员工进行相应的管理，增进组织公平，通过认可与奖励优秀者等措施帮助组织保留优秀员工。

（四）有助于公司战略目标的实施

一套绩效管理体系的实施，是组织战略管理的工具，它从以下几个方面帮助战略落地：（1）能把企业的战略目标转化为详尽的、可测量的标准；（2）能将企业宏观的目标细化到员工的具体工作职责；（3）能帮助及时发现问题，分析实际绩效表现达不到预期目标的原因；（4）能为制定和执行员工激励机制提供工具。

（五）有助于不断提升组织绩效

绩效管理不仅可以通过对员工的区分激励与保留员工，而且可以通过对员工能力的识别与开发帮助员工更加胜任工作职责，通过绩效改进计划帮助员工提升绩效水平，实现提升组织绩效的最终目标。

三、绩效管理体系的目的

通过绩效管理体系收集上来的信息会用于薪酬管理、绩效反馈以及对员工优缺点的识别。通常绩效管理体系有三个主要目的：战略目的、管理目的和开发目的。

（一）战略目的

绩效管理体系的首要目的在于通过管理与提升个人绩效实现组织战略目标。绩效管理体系收集信息后，可以根据信息将组织的目标和个人目标相结合，对个人行为加以改善以达成组织目标。同时，将组织目标和个人目标相结合也可以更好地进行沟通，可以将组织的战略目标和战略活动更好地传达给员工。

（二）管理目的

绩效管理体系的第二个目的是为进行员工管理决策提供依据，这些管理决策包括员工薪酬和职位调整、聘请或开除员工、认可绩效优异的员工、辨别绩效较差的员工。

例如，某公司的绩效管理体系中这样阐述其目的：一是为公平、公正、科学地评价员工工作绩效，完善激励与约束机制，突出对优秀员工的激励，充分调动员工的工作积极性，有效地促进工作绩效改进，合理配置人力资源；二是创建规范的考核平台，进一步规范、统一、完善工厂考评体系，更好地指引各部门开展考评工作。这样的表述反映了公司的绩效功能主要是管理目的。

（三）开发目的

绩效管理体系中的绩效反馈能对员工提供指导，帮助员工持续地改进绩效水平。通过绩效反馈可以识别员工的优劣以及导致员工绩效不佳的原因，绩效反馈要想发挥作用，需要对反馈信息采取有针对性的措施，对问题进行改进。对于反馈结果，在员工愿意接受的情况下绩效反馈就是有效的，应该让员工真正认同该绩效考核体系，同时对员工提出一些指导，让员工明白反馈不具威胁性，使员工对公司提供的反馈有清晰的了解。

另外，绩效管理体系可以帮助员工进行个人职业发展规划和开发。获得关于本身的绩效反馈信息，能够帮助员工设计职业生涯规划。

第二节 绩效管理体系的构成及其特征

一、绩效管理体系的主要组成部分

绩效管理体系由组织保障体系、绩效指标体系、绩效目标体系、绩效实施过程体系等构成，其中绩效管理的指标体系是绩效管理体系的核心组成部分。

（一）绩效管理组织保障体系

绩效管理体系中的保障体系是指对绩效管理的组织机构设置、职责范围、业务分工，以及各级参与绩效管理活动的人员的责任、权限、义务做出具体的规定。绩效管理组织保障体系包括组织保障和制度保证等，绩效管理的效果在一定程度上取决于组织保障是否得力，尤其是公司高层管理者是否重视，因此必须建立公司绩效管理委员会、绩效管理办公室、绩效管理推进小组等。绩效管理责任主体的构成随公司规模的不同而不同，一般包括绩效管理委员会、人力资源管理部门、直线管理人员和员工。

1. 绩效管理委员会的职责

绩效管理委员会的职责主要包括：（1）建立、完善与审批公司绩效管理制度；（2）审批、指导与监督公司业务部门确定年度业绩目标及其实施；（3）负责对各部门负责人进行年度综合考核；（4）处理部门与个人的绩效考核申诉；（5）决定绩效考核结果的运用；（6）对所有部门、岗位的绩效考核结果有最终决定权。

2. 人力资源管理部门的职责

人力资源管理部门是绩效考核工作的执行机构，负责各部门、科室的绩效考核实施工作，具体包括：（1）负责组织拟定、完善公司绩效考核管理制度并报公司绩效考核委员会审批；（2）负责组织协调、指导各部门实施公司绩效管理制度；（3）负责考核工作中各项考核数据的收集、处理，并进行统计计算；（4）负责处理绩效考核过程中员工申诉事宜，确保绩效考核工作公平、公正、公开；（5）对公司绩效考核制度及其实施情况进行总结、评估与完善；（6）负责将各部门（科室）、各岗位考核结果统一保存备案。

3. 直线经理的职责

直线经理的职责主要包括：（1）根据公司总体战略目标制订部门与岗位的绩效计划与绩效目标；（2）推动本部门绩效指标的落实；（3）加强绩效指标执行过程中的沟通、辅导；（4）绩效指标执行进度状况跟踪、检查；（5）实施基于沟通的绩效考核；（6）提出基于绩效考核结果的应用建议；（7）实施绩效反馈与面谈。

4. 员工的职责

员工的职责主要包括：（1）参加绩效管理制度的建立与培训；（2）与上级主管一起制定个人的绩效目标；（3）与主管保持持续的绩效沟通，寻求资源支持和帮助；（4）努力完成绩效目标；（5）分析个人在绩效周期的表现，并制订绩效改进计划。

（二）绩效评价指标体系

绩效评价指标体系是绩效管理体系的核心部分，包括不同人员评价方法、评价指标的维度、指标的界定、指标的测量标准以及指标的测量周期。

绩效评价指标体系的构建有不同的方法，常见的方法包括以下几个。(1) 组织通过业绩指标和行为标准对员工的工作进行概括，该方法包括的业绩指标是从业绩上对员工的工作进行定位，行为标准是对员工的行为进行约束。摩托罗拉公司便运用这种方式进行考核。(2) 组织通过态度、能力等指标进行考核。例如，比较典型的绩效评价指标体系包括四个指标：业绩指标、态度指标、能力指标和思想道德指标。(3) 以平衡计分卡指标设计的依据，从财务指标、顾客指标、内部流程指标以及学习和成长指标进行考核。平衡计分卡以企业战略为基础，将各种衡量方法整合为一个有机整体，使组织既能追踪财务结果，又能关注组织提升能力并获得未来增长的无形资产的情况。(4) 基于关键绩效指标法开发绩效指标。通过对工作绩效特征进行分析，提炼出最能代表绩效的若干关键指标体系，并以此为基础进行绩效管理与考核。

(三) 绩效管理目标体系

绩效管理目标体系也可称为战略目标分解体系，是从企业战略开始，根据企业战略目标确定企业的 KPI，然后分解为各部门的 KPI，最后进一步分解到具体岗位，保证员工、部门或团队的目标与公司战略目标要求一致。

绩效管理体系必须能为公司提供一套从公司到部门再到个人的清晰定义的绩效目标，确保各组织之间的目标协调一致。绩效目标体系是由公司层面战略目标与业务单位、职能部门和个人岗位绩效目标所构成的，是通过目标的层层分解建立起来的基于公司战略的绩效任务体系，它使每个部门、岗位的努力都与企业的战略目标要求相一致，将企业的战略目标转化为部门与员工的绩效责任。

(四) 绩效管理流程体系

绩效管理流程体系是指组织绩效管理实施的过程。绩效管理实施过程的设计基础是质量管理原理中的 PDCA 方法，即组织中一项任务从计划开始，按照计划的目标进行实施，过程中不断监控工作进展，并采取行动予以调整偏差以确保计划目标的实现。在绩效管理中，PDCA 则表现为绩效计划、绩效实施、绩效评价、绩效反馈和绩效改进五个基本环节。

绩效管理流程体系包括计划、辅导、评价和反馈四个阶段组成的循环周期，通过绩效计划、绩效辅导、绩效考核和绩效反馈，及时解决员工在绩效管理过程中出现的问题，保证绩效目标的顺利实现，从而使公司的战略落到实处。

（五）考评结果应用体系

考评结果应用体系是指将评价结果应用在哪些方面，以便更好地发挥绩效评价的作用。一般用于绩效改进以及人力资源管理中绩效工资的确定、员工晋升、加薪、员工留用及员工的培训与开发等方面。

二、绩效管理体系应具备的特征

绩效管理制度是企业单位组织实施绩效管理活动的准则和行为规范，它是以企业单位规章规则的形式，对绩效管理的目的、意义、性质和特点，以及组织实施绩效管理的程序、步骤、方法、原则和要求所作的统一规定。不同组织可能会因为绩效管理目的不同、组织特征不同而采用不同的绩效管理体系。然而，有效的绩效管理体系会具有一些共性，评价一个绩效管理体系是否具备这些特征有助于提高体系的有效性。一般来说，绩效管理体系应具备一致性、完整性、可靠性与有效性、公平性与可接受性等特征，具备了这些特征，则该体系是完整的、合理的且适合该组织的。

（一）一致性

绩效管理的中心目的是使员工集中全力做正确的事情。将员工绩效模型与公司业务模型统一起来，确保个人和团队预期绩效与企业价值、目标和行为相统一，这些企业价值、目标和行为对于企业的成功是至关重要的。绩效管理体系应该适合组织的特征，尤其是组织文化、组织结构、岗位职责的要求。（1）绩效管理体系与组织战略保持一致。这是指绩效管理目标体系的确定必须与组织战略目标的落实紧密配合。（2）绩效管理责任与企业价值观、组织结构类型协调一致。绩效管理责任的实施是通过组织结构实现的，绩效目标的分解与落实必须与组织权责分配及组织层级相对应。（3）绩效指标与岗位职责保持一致。针对每一项工作职能所制定的绩效标准及评价内容必须体现岗位核心职责的要求。

（二）完整性

完整性是指绩效管理体系需要在整个绩效周期内考核所有员工的所有工作，并且得到所有绩效结果。这是绩效管理多维性的要求：绩效管理虽不能包罗万象，但必须包括影响工作绩效的各种因素，只有这样才能避免片面性。同时，绩效管理体系要求全员参与，全部员工参与设计、实施过程，尤其强调全员都是被评价的对象。

（三）可靠性与有效性

可靠性是指考核过程稳定一致不存在任何偏差。不同的考评者对同一被考评人进行评价的结果应该比较接近。有效性要求绩效管理体系包含重要的绩效构成要素，从而能够准确地测量所需内容，而与绩效无关的要素不应该包含在内容之中。另外，有效性也要求绩效考核内容不应该包括个人无法控制的因素。

（四）公平性与可接受性

通过员工对评价的反应可以有效判别出组织绩效评价的合理程度，因此一套有效的评价体系应该是可接受的和公平的。这就要求绩效管理体系不仅在设计上做到公平合理，在实施过程中也必须剔除考评者的个人偏好等因素，提高员工感知的分配公平、程序公平及人际公平感。

第三节　绩效管理体系开发与实施的一般程序

绩效管理是影响组织绩效的战略管理的一部分，它是一个系统而不是一项工作，涉及组织的每一个人和每一个环节。开发与实施绩效管理需要一个完整的设计，一般流程如图 3－1 所示。

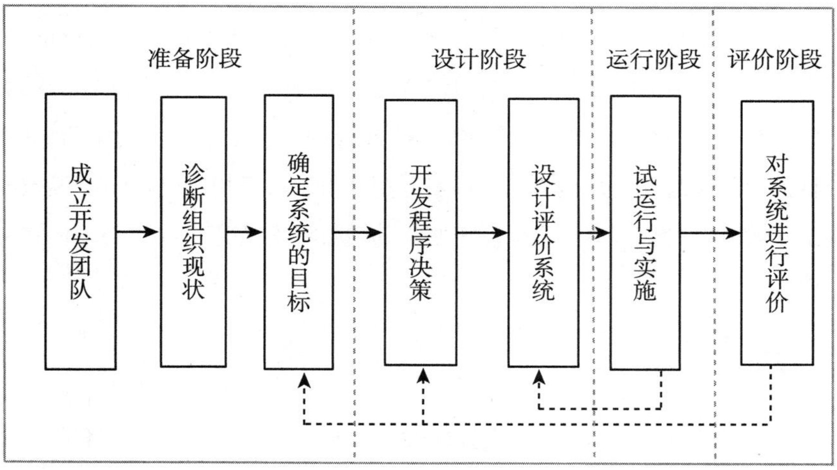

图 3－1　绩效管理体系开发的一般流程

资料来源：根据莫尔曼等（1989）提出的模型整理。

一、准备阶段

（一）成立绩效管理体系开发团队

绩效管理是涉及组织方方面面的一种管理思想，最终会影响到整个组织的文化、气氛和管理风格，关系到每一位员工的切身利益，必须非常严格地选择绩效管理体系开发与设计的参与人员。在选定参与者后，成立绩效管理工作小组，组成团队进行体系设计。一般团队应包括员工代表、直线经理、人力资源管理者和高层管理人员。

组织的直线管理人员和员工是绩效管理体系的直接使用者，他们的充分参与和投入是提高绩效管理效果的重要保证。尤其是，员工参与绩效管理体系的开发不仅有助于系统的开发，更有助于系统的实施，并且具有激励员工的效果。高层管理者是设计、实施和管理绩效管理体系的关键，绩效管理体系中必须体现高层管理者所确定的“组织的战略方向和管理哲学”。在绩效管理体系开发与设计的过程中，人力资源管理者（或专家）可以发挥重要的促进作用，他们会对整个开发与设计过程提供支持、协调和具体指导。

（二）诊断组织现状

在组成开发团队以后，接着是对组织现状的调查与诊断。诊断组织现状可以了解将来运行整个绩效管理体系的组织背景，有针对性地设计与组织相匹配的绩效管理体系。

诊断组织现状，需要了解以下内容：（1）设计绩效管理体系的原因，即为什么要重新评价绩效管理体系；（2）该组织设计绩效管理体系的目的，如吸引人才、留住员工、激励员工工作和控制员工活动；（3）该组织所处的环境，如组织的业务发展阶段、组织文化对绩效和绩效评价的影响等；（4）当前绩效管理体系及其实施情况；（5）组织管理机制或制度，如为支持绩效或业务目标的实现，组织需要开展什么活动来改善员工的知识、能力和动机；（6）在设计绩效管理体系时组织是如何确定报酬、奖励等，采用哪种衡量标准；（7）绩效管理体系对员工或高层领导者的影响以及绩效管理体系对成功标准的定义，即如何评价绩效管理体系的成功。

（三）确定绩效管理体系的目标

确定绩效管理体系的目标是开发与设计绩效管理体系的最重要的一步，因为整个开发与设计过程都是为一定目的服务的。应该根据不同的绩效管理目标，有针对性地设计绩效管理体系。

绩效管理体系的目标应该考虑组织目标、组织战略、公司文化、组织利益相关者、行业特点和竞争对手的标杆。考虑组织目标和战略，保证绩效管理体系从设计到实施都能朝着正确的方向发展，保证前瞻性地、系统地构建绩效管理体系。组织利益相关者包括组织内部员工和外部相关人员，组织员工需要进行相应培训以适应组织绩效管理体系，外部人员的特点会影响绩效管理体系的设计。一般来说，绩效管理目的有以下几种。

1. 管理目的

组织的大部分管理决策均需使用绩效管理所提供的信息，绩效管理体系以为各项人力资源管理决策提供支持为目的。绩效管理的考核结果是企业进行调薪、职位变动和员工培训的重要依据。

2. 开发目的

通过绩效管理能够让组织发现员工的不足之处，从而对员工开展有针对性的培训，让其能够更有效地完成工作。绩效管理体系以员工能力开发为主要目的，绩效管理体系并不仅仅是为了指出员工工作的不足之处，同时也要找出员工为何出现该种问题，从而有效地提高员工的知识、技能，更好地规划员工职业生涯发展。如果绩效管理的目的是发展，即改善绩效的方式是发展员工的能力，那么，所设计的体系应主要体现出行为或胜任特征的特色，应有相应的行为绩效标准。

3. 战略目的

绩效管理体系将员工的工作活动和组织战略联系在一起，以实现组织战略目标为主要目的。组织通过提高员工的个人绩效来提高组织的整体绩效，从而实现组织的战略目标。

现实中目标的选择往往并非非此即彼：（1）绩效管理体系通常是具有多重目的的，主要是满足组织发展需要。例如，培训和发展是为了员工的利益，但是，组织提供培训和发展机会的最终主要目的是满足组织的需要。（2）一个给定的系统可能会有多个目标，结果可能是哪个目标都没能充分实现。（3）这些目的之间可能会发生冲突。例如，当直线管理者和员工有自己的目标时，组织目标与他们目标的冲突会更加明显。

二、设计阶段

（一）绩效管理体系设计的原则

组织在设计绩效管理体系时，要结合自身特点和所处环境，考虑组织绩效管理体系需要满足的条件，以达到绩效管理的目的。绩效管理体系设计时应满足其特征要求，即具备一致性、完整性、可靠性和有效性等特征，同时具备经济性、实用性和适用性三个特点。

1. 经济性

设计绩效管理体系时需要考虑绩效管理在开发和使用时所需的成本，要保证绩效管理所得到的成果高于实际所花费的成本。绩效管理体系从开发到实施包括四种不同成本，即研制开发成本、执行前的预付成本、实施应用成本和其他隐性成本。绩效管理所花费的成本需要符合组织规模和实际经济情况，不能一味追求最新或大规模的体系。

2. 实用性

绩效管理体系的实用性是指：一是绩效管理体系需要切实可行，便于落实；二是绩效考核本身是花费时间与精力才能完成的，因此不同的绩效考核体系的开发成本与管理成本都不相同，实用性则要求体系本身要反映成本的因素；三是绩效评价结果应该为人力资源管理决策提供依据，提高决策的科学性与合理性。

3. 适用性

适用性是指绩效管理体系采用的考评方法、工具与岗位人员的工作性质之间的对应性和一致性，以保证考评方法和指标等能够体现工作的性质和组织特点。组织的绩效管理体系要能够真正适合该组织或部门的活动，这就要求组织绩效管理体系设计时考虑组织战略、企业文化以及企业所处的发展阶段，尤其是业务流程、组织结构、岗位职责等，所设计出的绩效管理体系要能在该组织中真正实施。为保证绩效管理体系的实施，该体系要便于操作、切实可行。

（二）绩效管理的流程设计

绩效管理的流程设计对绩效管理的运行程序、实施步骤提出具体要求，即说明“如何组织实施绩效管理的全过程，在什么时间做什么事情”。

1. 绩效管理的流程

即按照怎样的步骤实施绩效管理。绩效管理作为一个严谨科学的管理系统，有着极强的逻辑性。尽管不同组织在实施绩效管理过程中流程上不完全相同，但从本质上看，它们都必须遵循一定的逻辑关系，即包含了计划、实施、检查、调整四个环节的一个封闭的管理循环。并且，在计划、实施、检查、调整的各个环节都有着严格的逻辑关系，这种严密的逻辑关系是绩效管理有效性的保证。

2. 绩效管理中的活动及其参与者

即说明需要哪些人、哪些部门在哪个时间从事什么活动以完成绩效管理。从绩效计划开始到绩效反馈结束，每一个环节都需要不同部门、岗位的员工以及管理者完成特定的活动才能保障绩效管理的正常进行。其中，有许多活动需要上下级共同合作完成。活动时上下级之间要保持持续不断的双向沟通。沟通活动是整个绩效管理中最重要的活动之一。通过沟通，帮助组织以及员工确定与认可工作目标，对工作中出现的问题达成共识等。

（三）绩效管理的内容设计

通常一个完备的绩效管理系统应当对以下工作内容做出明确规定。

（1）绩效管理的目的、宗旨。概括说明建立绩效管理制度的原因、绩效管理的地位和作用，即在企业单位中加强绩效管理的重要性和必要性。（2）绩效管理组织机构及其工作职责分工。对绩效管理的组织机构设置、职责范围、业务分工、责任、权限、义务等做出具体的规定。（3）明确规定绩效评价的目标与程序。确定不同部门与个人在计划期内应达到的绩效目标以及绩效管理运行的步骤。（4）明确绩效评价方法。包括对各类员工绩效评价的指标体系与评价标准的确定。（5）实施绩效考核的具体时间和期限。详细规定绩效考核的时间节点以及考核周期等。（6）绩效评价结果应用说明。对绩效评价的结果在哪些领域应用以及如何应用加以说明。

绩效管理体系的具体内容因公司的不同而有所差异，但是其核心内容大致相同。专栏 3－1 为某企业绩效考核体系的例子。

专栏 3－1

某公司绩效管理体系

第一章　总则

第一条　目的

1. 公平、公正、科学地评价员工工作绩效，完善激励与约束机制，突出对优秀员工的激励，充分调动员工的工作积极性，有效地促进工作绩效改进，合理配置人力资源。

2. 创建规范的考核平台，进一步规范、统一、完善工厂考评体系，更好地指引各部门开展考评工作。

第二条　原则

严格遵循“公平、公正、公开、科学”的原则，真实地反映被考核人员的实际情况，避免因个人和其他主观因素影响绩效考核的结果。

第三条　适用范围

本办法适用于本部工厂各科室人员及各分厂、车间办公室人员。

第二章　考核体系

第四条　考核内容

1. 工作业绩（占80%）：分专项工作和日常工作两大项。专项工作是指员工月度工作计划中的工作内容（包含临时增加的计划外工作），专项工作考核根据员工月度工作计划完成的进度和质量进行评价。日常工作是指每月例行的工作，日常工作的考核根据日常工作完成的质量、进度及相关指标达成情况进行考核（如考核采购员的及时供货率、考核质量主管的质量指标达成情况等）。由于各部门、各岗位工作性质的差异，专项工作和日常工作考核所占的比重由各部门自行调节，但比例一旦确定后应在半年内保持比例的稳定性。

2. 工作能力和态度考核：考核员工为达到工作目标所需的各项知识、技能以及员工的敬业精神、团队协作精神、执行力和快速反应能力等，各分项的考核权重由各部门自行制定。

3. 加分项：考核员工创新、自主学习和特殊贡献等方面。

<table>
<tr><th colspan="2">考核内容</th><th>权重</th><th>综合考核得分</th></tr>
<tr><td rowspan="2">工作业绩</td><td>专项工作</td><td rowspan="2">80 分
两项比例由各部门灵活掌握，但总和为80分不变</td><td rowspan="4">得分 = 专项工作 + 日常工作 + 工作能力和态度 + 加分项</td></tr>
<tr><td>日常工作</td></tr>
<tr><td colspan="2">工作能力和态度</td><td>20 分</td></tr>
<tr><td colspan="2">加分项</td><td>3 分</td></tr>
</table>

第五条　考核方式

采用逐项打分、三级考核的方式，先由员工自主考核，后由直接主管评分，最后由部门主管考核，员工自主考核作为参考，以部门主管考核评分作为最终考核结果。

第六条　考核细则

由于各部门工作性质与工作内容存在差异，工厂不制定统一的考核细则，只规范考核的主要内容及各部分内容所占的比重，考核细则由各部门自行制定，报管理部会审后执行。

第七条 考核周期

每月考核一次。各部门于每月3日前将考核结果报管理部。

第八条 考核流程

下发考核表—员工自主考核—直接主管考核、签名—部门主管考核、签名—员工签名确认。

第九条 考核档案管理

各部门考核结果由本部门自行存档，并将副本上报管理部，由管理部将考核结果汇总、分析后存档。考核档案的保存期为两年。

第三章 考核结果的应用

第十条 考核结果等级分布

等级	A	B	C
参考分数段	95分以上	80~95分	80分以下
意义	优	中	差
分布比例	2	7	1
分值 P_i	1.5	1.0	0

注：考评结果分为A、B、C三个等级，分数段仅供评级参考。

1. 考核结果分为A、B、C三个等级。

2. 为表扬先进，激励后进，考核结果应拉开一定的档次，各部门的考核结果A：B：C的比例应控制在2：7：1范围内，建议在计算各级别人数时采取四舍五入的方法。

3. 为提高员工绩效考核的透明度，要求各部门于每月10日前在部门内部公布考核结果。

第十一条 绩效提升

1. 员工应根据自身考核情况，发现工作中的不足之处，提出绩效改进计划，并采取培训或自主学习的方式，努力提高自身素质，提升工作绩效。

2. 对考核成绩为C者，须填写《员工绩效改进计划表》制订书面改进计划。《员工绩效改进计划表》由所在部门保留，必要时管理部会抽查。

第十二条 末位淘汰

员工绩效考核的评定结果将作为员工晋升或岗位轮换的重要参考依据，连续两个月考核结果为C或半年内3次考核结果为C的员工将被淘汰。

第十三条　员工绩效工资

某员工绩效工资 = 部门绩效工资总额 × 分配比例

$$分配比例 = \frac{M_i \times P_i}{\sum(M_i \times P_i)}$$

M_i = 某员工绩效工资标准额度（基本工资的 20%）

P_i = 考核结果对应分值

第十四条　提薪与升职

1～12 月考核结果有 6 次以上（含 6 次）为 A，且一年中未出现过 C 者，工资提升一级；9 次以上（含 9 次）为 A，且一年中未出现过 C 者，则工资提升二级。另外，考核结果作为员工升职的重要参考依据，一年内月度绩效考核出现过两次 C 者，本年度内不能晋升。

第四章　考核面谈

第十五条　考核面谈必须及时进行，并贯穿于考核的全过程。通过面谈达到让被考核者了解自身工作的优、缺点，并对下一阶段工作的期望达成一致意见。

第十六条　考核面谈主要由直接主管进行。直接主管每月必须与所有下属员工进行面谈；部门主管必须每月与 A 及 C 级员工面谈。

第十七条　部门主管应指导绩效考核结果为 C 的员工编制绩效改进计划，并监督执行。

第五章　考核申诉

第十八条　如员工对考核结果有异议，可向直接主管提出，若不能达成共识，可向部门主管提出，部门主管应从公平、公正、科学的角度，在三天内给予合理的答复。

第十九条　若员工对部门主管的答复仍有异议，则可向管理部提出申诉，管理部在详细了解情况的基础上，一周内给予答复。

第六章　附则

第二十条　考核结果上报和公布的及时性、比例分布的合理性、考核档案管理及面谈等将列入基础管理对所在部门进行考核，每出现一项不符合扣基础管理考核分 5 分，对有时间要求的项目每延期 1 天扣 5 分。

第二十一条　本办法由本部工厂管理部负责制定、解释及修订。

第二十二条　本办法自 3 月 1 日起开始实施。

三、运行阶段

绩效管理体系的实施需要多方参与，尤其是绩效管理体系的成功实施需要参与者对体系的运行方式有清晰的理解，并且各方需要从不同角度看到绩效管理体系带来的好处。总之，绩效管理体系需要得到组织部门的广泛支持和了解。

（一）小范围试验

绩效管理体系的建立和实施是涉及组织各个方面的组织变革措施，若处理不当，不仅不能促进组织绩效的提高，还可能对组织产生不良影响。因此，在整个组织全面实施绩效管理体系之前，必须先对所设计出的绩效管理体系的模型进行试验，考察其是否科学、适当和可行，取得初步成果并对模型进行合理修改后，再推广到组织的其他部门。

通过在所选定的部门或分部的试验，可以揭示需要进行哪些改变，包括对绩效管理体系本身进行的改变和对组织的一些方面进行的改变。绩效管理体系在试运行时，一般采用小范围实验，并不是全公司大规模实验，因为小范围实验更易于控制，便于发现问题并及时修正问题。

（二）绩效管理体系培训

绩效管理体系在实施之前，需要对评价者进行培训，教会评价者如何观察和评价员工绩效以及如何提供合理的绩效反馈。绩效管理体系培训包括三个方面：首先，让参加培训者了解组织引进绩效管理系统的原因、目的、绩效管理包括哪些过程等；其次，说明管理者、团队领导、团队和每个员工的贡献，包括他们的工作的意义、他们应该如何工作、给他们及组织带来的益处等；最后，培训实施和管理绩效管理体系的技能。

（三）绩效管理体系实施

在绩效管理体系试运行和员工培训结束后，即可在整个组织内实施该绩效管理体系，当然还需要持续对该体系进行监控和评价，以判断该系统是否正常运行、需要做出哪些调整。

四、效果评价阶段

（一）效果评价

绩效管理体系试运行后，需要了解所开发和设计的绩效管理体系的运行情况，对是否达到了预期的目的等进行评价。

组织所开发和设计的绩效管理体系的运行情况如何？是否达到了预期的目的？也就是说，组织需要对绩效管理体系的效果进行评价。主要问题包括：(1) 该体系在多大程度上支持了组织目标的实现；(2) 该体系是如何与组织的关键成功因素联系在一起的；(3) 该体系是否清楚地界定和设立了个人目标；(4) 该体系与工作职责和绩效期望的关系如何；(5) 该体系在鼓励员工个人发展上的效果如何；(6) 使用该体系的难易程度如何；(7) 使用该体系的成本支出如何；(8) 该体系是如何与工资挂钩的。

（二）绩效管理体系分析

绩效管理体系试运行后，对其进行效果评价，若发现该绩效管理体系出现问题，则查明原因并提出改进建议。组织中考评者完成考评工作后，形成考评结果分析报告。之后，组织会针对绩效诊断所揭示出来的各种企业组织现存的问题写出详尽的分析报告。组织所出具的报告能够对绩效管理体系的实施效果、评价结果和具体原因进行说明，以便之后对绩效管理体系进行改进。

（三）系统修正

在组织对绩效管理体系实施结果进行评价和总结后，人力资源部在汇总各个方面意见与反复论证的基础上，对企业绩效管理的组织保证体系、考核指标体系、组织实施过程等相关内容提出调整和修改的具体计划，并主持进行修订。

思考题

1. 实施绩效管理体系有哪几种目的？
2. 绩效管理体系一般包括哪些内容？
3. 如何开发与实施绩效管理体系？
4. 应该如何评价一个组织的绩效管理有效性？
5. 为一个中小型企业设计绩效管理体系开发参与人员。

案例分析

T公司的绩效管理体系

夜已深，T公司的总经理王恺还在自己的办公室里踱步，身为这家企业的当家人，他深知自己的责任。T公司的前身是国家级钢铁研究设计院，目前改制为国家控股、骨干管理层参股的股权多元化的股份有限公司。公司主营业务是钢铁工程的设计、采购、建设总承包，改制成功后，公司面临的第一个重要工作就是调整原来事业单位体制下不合理的薪酬结构，加强绩效管理工作。

T公司现有12个专业科室、5个职能科室，400多名员工。由于公司前身是国家事业单位，员工的主要收入为工资和奖金。工资实行的是国家事业单位工资体系，收入差距不大；奖金发放分为公司总经理级、副总经理级、部门部长级（高级工程师级）、部门主管级（工程师级）、普通科员几个等级，同一等级员工奖金采取平均主义原则，没有设计人员与职能科室人员的区分，各个科室员工奖金没有差别。在这种体制下，员工的收入与能力、贡献无关，因此员工没有积极性，高水平的设计、管理人员流失严重。

坐在王恺办公室里的，还有公司人力资源部部长张忠。张忠具有多年人事管理工作经验，对现代人力资源管理工作也有一定了解，在王恺的指示下，他已经制定出了新的薪酬绩效管理方案。

"我来说说这套方案的重点。"张忠说道，"公司所有员工分为职能系列和技术系列两个系列。职能系列职业发展通道为普通科员级、部门主管级、部门副部长级、部门部长级、副总经理级、总经理级；技术系列职业发展通道为初级技术员、高级技术员、初级设计师、中级设计师、高级设计师、资深设计师。各部门部长和公司高层实行年薪制，其他员工薪酬结构是'工资+奖金+其他福利'。工资实行岗位绩效工资制，岗位工资的60%按月固定发放，岗位工资的40%按月度考核后发放。技术人员奖金在项目结束后由相关人员对项目进行考核确定项目奖金总额后，由项目经理对项目人员进行考核并分配奖金；职能岗位人员奖金按季度发放，平均奖金基本掌握在同期设计人员平均奖金的40%。"

"详细说说绩效考核部分是如何考核的吧。"王恺似乎找到了自己感兴趣的部分。张忠继续介绍道："对各个部门的考核主要是关键绩效指标考核，对各个岗位的考核是关键绩效指标、能力态度指标考核。公司高层（董事长、总经理、其他副总经理）按月对各个部门进行关键绩效指标考核，对部门部长进行能力态度指标考核；职能部门员工由部长负责按月进行关键绩效指标考核、能力态度指标考核；技术科室员工由科室负责人按月进行关键绩效指标考核、能力态度指标考核。其中，绩效工资=岗位工资×40%×个人绩效考核系数，个人绩效考核系数分为'1.2''1.1''1.0''0.8''0'五档；个人绩效考核系数由本部门内部员工绩效考核结果强制排序得到，绩效考核低于'60'

分，绩效考核结果为不合格，绩效考核系数为‘0’；其他所有员工（部长、副部长除外）月度绩效考核结果从高到低排序，绩效考核结果为优秀、良好、一般、基本合格的比例各为25%，对应的绩效考核系数分别为‘1.2’‘1.1’‘1.0’‘0.8’。”

王恺陷入了沉思，似乎觉得有一些问题，但是又说不出问题出在哪里，停顿了一会，他说：“好，就这么办，你去落实吧！”

三个月后T公司总经理办公会现场

绩效管理已经连续进行了三个月，虽然绩效考核坚持下来了，但每个月绩效考核都没有如期完成，总有一些部门不能及时上交绩效考核表格以及绩效考核结果。这次总经理办公会的主要议题之一，就是要总结绩效管理的推进效果。看样子，大家似乎都有一肚子的话要说。

设计部李部长是个直性子，先发了话：“王总，公司推行绩效管理，我们大家都是支持的，但是目前的绩效管理体系，推行起来好像阻力很大。这几个月，一到绩效考核时间，我的办公室就挤破了门，全是发牢骚的，几乎所有的员工对绩效考核都很抵触。绩效考核结果为基本合格的员工反映考核结果不公平，说我偏心。有些绩效考核结果为优秀、良好的员工，也不满意，说对他们的激励不够大。还有几个绩效很优秀的员工私下偷偷跟我说，‘没多拿多少钱，还背着个脱离群众的名声，感觉有点对不起绩效考核结果为基本合格的同事们，不利于同事关系’，要求我把他们调到平均水平。我看啊，这个绩效管理体系这么搞下去，我要成过街老鼠了。”

张忠也忍不住了，他觉得自己很委屈：“公司推行绩效考核，大家在年中的会议上是都表过决心的。可是现在呢，有哪一个部门是每月按时提交绩效报表的。人力资源部专门请专家给大家培训绩效面谈技巧，可是听完了就算了，平心而论，有多少部长重视绩效面谈了？员工对考核结果不理解，我看就是绩效面谈没有做好。有些部长，连最基本的绩效考核的流程、表单都不是很清楚。这说明绩效管理根本没有引起大家的重视。还有，现在的考核分数，每个部门打出来都很接近，这是因为平时大家对员工的工作表现缺乏应有的记录，考核分数分不出高低，进行结果排序时就为难了，最后只能搞成平均主义。有的部长干脆开始搞什么‘轮流坐庄’，把绩效考核结果轮流排序，这个月你优秀，下个月我优秀，这个月你基本合格，下个月他基本合格。再好的体系，也需要大家共同去维护，去执行，才会有效果。”

王恺最后做了总结发言，他说：“我们推行绩效管理的目的，是要通过绩效管理，调动员工积极性，提高组织和员工的绩效。”他最后表示：“出现问题不要紧，关键是我们怎样对待问题，是互相抱怨，还是齐心协力去解决，我希望大家都能够站在公司的角度深入思考一下，下一步我们的绩效管理到底应该如何改善，如何真正地发挥作用？”

资料来源：根据《绩效考核怪现象》（https：//wenku. baidu. com/view/8d18ddc0dc36a32d7375a417866fb84ae55cc3d9. html）整理。

问题

1. 评价该公司的绩效管理体系的内容。
2. 该公司的绩效管理体系存在什么问题？
3. 针对存在的问题提出改进建议。

第四章

目标管理法

【学习目标】

1. 了解目标管理法的基本原理。
2. 掌握目标管理法的内涵、操作流程、适用范围及注意事项等内容。
3. 把握目标管理法的优缺点。
4. 运用目标管理开发与实施绩效管理。

第一节 目标概述

一、目标及其性质

（一）目标的定义

目标是指可以用来衡量实际结果的一种期望的成就水平。斯宾芬·P. 罗宾斯认为，目标即期望的成果，它为所有的管理者指明了方向。哈罗德·孔茨把目标定义为指导组织和个人活动的最终目的。

简单地说，目标是一定组织宗旨的具体化，是组织和个人在一个时期内通过努力而期望获得的成果。

目标设置理论认为，明确具体的目标能够提高工作绩效。心理学家曾经做过这样一个实验：组织三组人，让他们分别向着十公里以外的三个村子进发。第一组的人既不知道村庄的名字，也不知道路程有多远，只告诉他们跟着向导走就行了。刚走出两三公里，就开始有人叫苦；走到一半的时候，有人几乎愤怒了，他们抱怨为什么要走这么远，何时才能走到头，有人甚至坐在路边不愿走了；越往后走，他们的情绪也就越低落。第二组的人知道村庄的名字和路程有多远，但路边没有里程碑，只能凭经验来估计行程的时间和距离。走到一半的时候，大多数人想知道已经走了多远，有人说："大概走了一半的路程"，于是，大家又簇拥着继续向前走；当走到全程的3/4的时候，大家的情绪开始低落，觉得疲惫不堪，而路程似乎还有很长；当有人说："快到了！"时，大家又振作起来，加快了行进的步伐。第三组的人不仅知道村子的名字、路程，而且公路旁每一公里就有一块里程碑。人们边走边看里程碑，每缩短一公里大家便有一小阵的快乐。行进中他们用看里程碑的快乐消除疲劳，用坚定的步伐丈量行走的路程，所以很快就到达了目的地。

该实验的结论是：当人们的行动有了明确的目标，并能把自己的行动与目标不断地加以对照，进而清楚地知道自己的行进速度和与目标之间的距离时，人们行动的动机就会得到维持和加强，就会自觉地克服一切困难，努力达到目标。

（二）目标的性质

1. 目标的层次性

目标是活动的最终结果，任何一个总目标都需要有一系列子目标来支持。目标的层次性是指从组织结构的角度来看，组织中处于不同层次的人员拥有并关注各自不同的子目标，并形成了由高到低的不同层级。

总的来说，组织的目标大体上可以分为三个层次。

第一层次是组织的总目标。即组织宗旨的具体化，在任何情况下，组织的使命和任务都必须要转化为组织的总目标和战略。组织的总目标和战略更多地指向组织的未来，并且为组织的未来提供行动框架，是企业或者组织作为自身生产和发展的目标。组织必须要有自己明确的目标。

第二层次是企业的部门目标或子公司目标。即部门或者子公司根据本部门的任务分工对公司战略目标进行分解而来的子目标。例如，生产部门的目标一般为产品的数量、成本控制等。

第三层次是个人目标。即根据部门或团队的任务分工，由部门目标分解而来的与岗位相关的更具体的工作目标。

企业目标的层次取决于企业的规模和复杂程度。高层管理人员对应战略目标中的长远目标；中层管理人员对应于战略目标指导下的中期目标和本部门目标；基层管理人员则对应于短期的操作性较强的目标（见图4－1）。

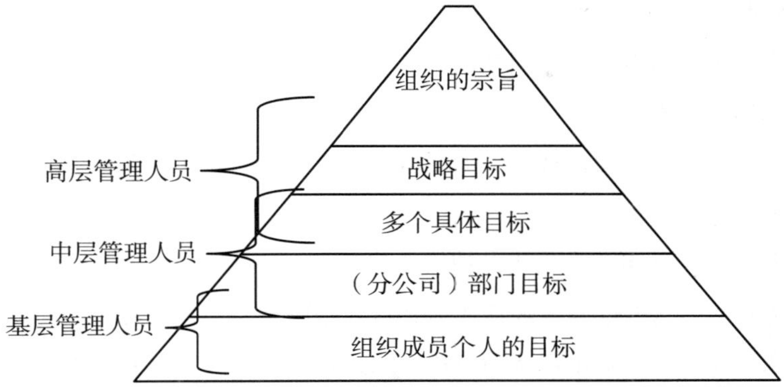

图 4-1 目标的层级体系

2. 目标的多样性

组织不可能只有一个目标，而应该有一系列相互联系、相互制约的目标要实现。具体来说，目标可以按照不同的标准分为以下几种类型。

（1）按照实现目标所需时间长短不同可划分为短期目标、中期目标和长期目标。长期目标是指在一个比较长的时间内要达到的目标，一般指 5 年以上的目标。由于长期目标历时较长，中间发生的变动因素很多，因此随着时间的推移，长期目标在实施过程中需要不断地进行调整。而短期目标是指在一个比较短的时间内要达到的目标，一般指 1 年以内要达到的目标。中期目标一般指 2～5 年要达到的目标。

实际上，长期目标与中短期目标是相对而言的，中短期目标是长期目标的基础，任何长期目标的实现必然是由近及远。而长期目标是短期目标的指导，因此，应该使短期目标与长期目标之间形成一个整体关系，中短期目标必须体现长期目标，必须是为了实现长期目标。

（2）按目标的具体化程度不同可划分为主要目标和次要目标。主要目标是一个组织所要达到的总的、长期的目标。这种目标的确定说明了组织发展的方向和组织资源的取得、使用和分配的基本策略。因此，主要目标是组织发展中最为关键的目标，是应该优先发展和分配资源的目标。例如，企业生存、盈利和发展作为企业最为重要的目标同时存在。而次要目标是有助于实现主要目标的目标，如营销目标作为次要目标，追求的是确保产品设计能够始终迎合顾客的需求而使顾客重复购买。它与企业的总目标是一致的，也是企业的主要目标所必需的。

（3）按目标是否可以定量化表示可分为定量目标和定性目标。定量目标是指可以用数量表示的目标，而定性目标是指不能用数字只能用文字表述的目标。定量目标通常用

“多少”的标准来衡量，但定量目标不宜过多，否则会出现用数学或数字代替管理工作的倾向，给管理工作造成不良的影响。定性目标通常用“多好”的标准来衡量。因为许多目标是不宜用数量表示的，特别是一些有重要价值的目标，只能用定性目标来表示。有时提出一个定性目标可能比规定一个定量目标更能提高组织人员的积极性，使其处于更加主动的地位。

（4）按目标的层次可划分为组织使命、战略目标、战术目标和作业目标。组织使命是关于企业为什么要运营的宣言或描述，其目的是明确企业的使命和目标，揭示企业想成为什么样的组织和要服务于哪些用户这样的远景内容。战略目标是组织最高层管理者为组织制定和设定的目标。他们所关注的是系统的、普遍的和长远的问题。战术目标是中层管理者制定和为中层管理者设定的目标，他们的重点是如何采取必要的作业行动来实现目标。作业目标是由基层管理者制定和为基层管理者设定的目标，他们的重点是与战术相关的、局部领域的目标。

二、目标的特征

（一）与高层目标一致

目标对于组织来说是十分重要的。目标对于组织本身以及全体员工都具有十分重要的影响。

（二）目标应当符合 SMART 原则

确定目标是一项困难的工作，通常要求目标的设定遵循如下的 SMART 原则。

（1）S：指目标必须是明确具体的（specific），即组织设定的目标要清晰、明确，通常是可量化的，不能笼统；

（2）M：指目标必须是可衡量的（measurable），即目标要有可供测量的手段；

（3）A：指目标必须是可达到的（attainable），即目标要保证通过努力可以实现，也就是目标不能过高或者过低；

（4）R：指目标必须是相关性的（relevant），即目标之间要相互协调、相互支持；

（5）T：指目标是有时间限制的（time-bound），即目标要有时限性，注重完成绩效目标的特定时限。

（三）目标应具有挑战性

目标是需要员工经过努力才能实现的，这样才具有意义，因此目标不能定得太低。

但是，目标也不能定得太高，如果员工认为经过努力也无法实现目标，则失去了努力的动机。

（四）目标应经过充分沟通

目标不应该是上级分配给下级的，而是需要下级参与制定自己的目标，只有下级认同目标才会具有工作积极性。

（五）目标的数量有限

目标数量不能太多，否则无法实现。但是，目标数量太少又会不具有代表性，一般为 5 ~ 10 项。

三、目标的作用

组织规定了每个组织成员在特定时期内要完成的具体任务，从而使组织的工作在特定的时刻充分融为一体。组织的目标是组织存在的前提，是组织开展各项工作的基础，是管理者和组织中一切成员的行动指南，对于组织的存在、发展及组织活动都起着非常重要的作用。

（一）组织目标能够指引组织行动，为管理工作指明方向

目标是组织在未来某一段时间内要实现的成果。这些成果是个人、部门或整个组织努力要达到的结果，它是一定时间内管理工作的方向，使组织的所有活动、可获得的资源都用于目标的实现。因此，每个组织都有自己的总体目标，而组织中的每个成员都有与总目标相一致的分目标，这样才能使全体成员团结一致，为实现组织目标而努力。

（二）组织目标是提高效率的前提，也是绩效考核的依据

组织目标是组织内部各成员、各部门正确工作的方向，组织成员的努力是否符合组织目标是其工作是否有效率的前提，不符合或者违反组织目标的努力是无效的，甚至是有害的。由于目标本身是可以考核的，而且目标是可以分解的，因而可以将目标落实到每个成员身上，根据其实际完成的绩效进行奖惩。这种考核比较客观公正，考核结果也比较有说服力。

（三）组织目标是组织内部分工结构的基础

组织目标的实现，有赖于全体员工的共同努力。组织结构如何设置、成员之间如何分工，都必须在明确了解组织目标之后才能进行。组织目标必须有一个分解的过程。所谓目标分解，是指将组织的整体目标划分为功能各异而又互补的子目标。复杂的总体目标往往需要经过多层次的分解，从而形成具有层次性的目标结构。

（四）组织目标能够激励员工士气

目标设置理论认为，目标能把人的需要转变为动机，使人们的行为朝着一定的方向努力，并将自己的行为结果与既定的目标相对照，及时进行调整和修正，从而实现目标。这种使需要转化为动机，再由动机支配行动以达成目标的过程就是目标激励。如果管理者能够提出一个使全体成员为之振奋的目标，并树立信心，不仅能够减少物质激励的压力，而且可以使员工在工作中克服可能遇到的各种困难，致力于组织总体目标的达成。

第二节　目标管理

一、目标管理简介

（一）目标管理的产生

目标管理（management by objectives，MBO）于 20 世纪 50 年代中期产生于美国，是以泰勒的科学管理和行为科学理论为基础形成的一套管理制度。

1954 年，德鲁克在《管理的实践》一书中，首先提出了“目标管理和自我控制”的主张。他认为：企业的目的和任务必须转化为目标，企业的各级主管必须通过这些目标对下级进行领导，以此来达到企业的总目标；如果一个领域没有特定的目标，这个领域必然会被忽略；如果没有方向一致的分目标来指导各级主管人员的工作，则企业规模越大、人员越多时，发生冲突和浪费的可能性就越大。

目标管理是一种综合了以工作为中心和以人为中心的管理方法，避免了科学管理与组织行为管理两种管理理念与方法的不足。目标管理一出现就受到许多企业的关注，它们纷纷采用这一方法并取得了明显的成效，目标管理在各类组织特别是企业组织中得到了推广和应用。目标管理实行以来，大量企业取得了成功，有力地激发了员工的积极性。目前，目标管理已经发展成一种被各种组织采纳的主要管理手段，尤其是作为一种绩效管理方法被广泛应用。

（二）目标管理的含义

目标管理被定义为一种程序或过程，它使组织中的上下级一起协商，根据组织的使命确定一定时期内组织的总目标，由此决定上下级的责任和分目标，并把这些目标作为组织经营、评估和奖励的标准。

目标管理首先由组织中的上级管理人员与下级管理人员、员工一起制定组织目标，并由此形成组织内每一个成员的责任和分目标，明确规定每个人的职责范围，最后又用这些目标来进行管理、评价，并决定对每一个部门和成员的奖惩。

我们可以从以下几个方面来理解目标管理。

1. 目标管理是员工参与管理与自我控制相结合的一种管理形式

目标的实现者同时也是目标的制定者，即由上级与下级一起确定目标。目标管理的宗旨在于，用“自我控制的管理”代替“压制性管理”。在实施目标管理的过程中，组织成员不再只是做工作、执行指示、等待上级的指导与决策，而是有明确规定目标的单位或个人，除了参与目标的制定外，如何实现目标也是由他们自己决定的，从而更能激发他们的积极性和主动性。

2. 目标管理强调员工个人目标与组织目标保持一致

目标管理通过一种专门设计的过程使目标具有可操作性，这种过程一级接一级地将目标分解到组织的各个单位。将组织的整体目标逐级分解，转换为各部门、各员工的分目标。在目标分解过程中，用总目标指导分目标，这些目标方向一致、相互配合，形成协调统一的目标体系。

3. 目标管理以制定目标为起点，强调结果为导向

目标管理法属于一种结果导向型的考评方法，以实际产出为基础，考评的重点是员工工作的成效和劳动的结果。

4. 目标管理不是用目标来控制员工，而是用它们来激励下级

目标管理强调明确的权、责、利关系，目标的完成程度与个人的回报直接挂钩，并作为评价其工作的标准，因而比起以主观指标进行的评价方法，目标管理对员工的激励作用更直接有效。

5. 目标管理是领导者与下属之间双向互动的过程

目标管理法与传统任务管理的不同之处在于，它强调上下级之间的充分的沟通。各级管理者不仅参与公司的战略目标以及各自部门的分目标的制定，还要与下级协商制定下级的个人目标。这一沟通过程强化了管理者和员工相互之间的理解与信任，也在一定程度上起到了激励员工的效果。

二、目标管理的理论基础

（一）成就需要理论

20 世纪 50 年代初，美国哈佛大学的心理学家戴维·麦克利兰（David McClelland）集中研究了人在生理和安全需要得到满足后的需求状况，特别对成就需要进行了大量研究，从而提出了成就需要理论。麦克利兰认为，具有强烈的成就需求的人渴望将事情做得更完美、提高工作效率、获得更大的成功，他们追求的是在争取成功的过程中克服困难、解决困难、努力奋斗的乐趣，以及成功之后的个人成就感，他们并不看重成功所带来的物质奖励。他认为，在生存需要基本得到满足的情况下，成就需要、权力需要和归属需要是人的三种最主要的需要。其中，成就需要是指达到标准、追求卓越、争取成功的内驱力。有高度成就需要的人主要有以下特征：有承担风险、解决问题、寻求答案的需要；需要挑战，趋向于寻求适度困难的目标；希望自己所做的事情能得到快速且明确的反馈；对工作热忱，执着于所从事的工作。

麦克利兰认为，人的成就需要是可以通过教育逐步发展的，甚至对于身处不同文化环境中的人们也可以同样传授。目标管理理论就是从这一角度出发，根据人们的需要，使企业目标与个人目标尽可能地结合，以激发动机进而引导人们的行为，去完成企业的整体目标。

（二）X-Y 理论

美国学者道格拉斯·麦格雷戈（Douglas McGregor）认为，长期以来企业管理都是建立在管理部门对企业成员进行指挥和监督的基础上。麦格雷戈把它们归纳为 X 理论，即人一般都有好逸恶劳、逃避工作、回避责任、没有抱负、工作只是为了寻求安全的特性。然而，很多显而易见的事实和越来越多的研究发现是无法用 X 理论来解释的。于是麦格雷戈提出了 Y 理论，即人一般都拥有天生勤奋、勇于承担责任、具有创造力、能够通过自我约束追求更高层次目标的特性。

目标管理就是以Y理论假设为基础，要求管理人员改变控制型管理方式，依靠下级的自我管理和创造力等特性，提倡员工参与管理，从而发挥其积极性和创造性。

（三）目标设置理论

目标设置理论是由洛克（E. A. Locke）等提出的。① 该理论认为，明确具体的目标能够提高工作绩效；困难的目标一旦被人们接受，会比容易的目标带来更高的工作绩效；有反馈比无反馈能够带来更高的工作绩效。

该理论认为，目标本身就具有激励作用。目标能把人的需要转变为动机，使人们的行为朝着一定的方向努力，并将自己的行为结果与既定的目标相对照，及时进行调整和修正从而实现目标。这种使需要转化为动机，再由动机支配行动以达成目标的过程就是目标激励。

三、目标管理的优缺点

（一）目标管理的优点

目标管理以相信人的积极性和能力为基础，企业各级领导者对下属人员的领导不是简单地依靠行政命令强迫他们去做，而是运用激励理论引导员工自己制定工作目标，自主进行自我控制，自觉采取措施完成目标。目标管理的优点主要表现在以下几个方面。

（1）目标管理的评价标准能够直接反映员工的工作内容，结果易于观测，评价客观公正。

（2）适合对员工提供建议，进行反馈和辅导。目标管理中的目标是员工参与制定的，对员工的评价建立在这些客观标准的基础上，便于员工接受评价结果。

（3）促进了员工与主管之间的意见交流和相互了解，改善了组织内部的人际关系。

（4）参与目标制定使员工工作积极性大为提高，增强了其责任心和事业心。目标管理通过目标和奖励，将组织利益和个人利益紧密联系在一起，员工从原来的被动接受命令者，变成了一个积极主动工作的参与者。因而提高了士气，营造了更好的氛围。

（5）通过自上而下的分解与自下而上的保证，有助于组织目标的实现。目标管理表现出良好的整体性，将所有任务和目标连成一个有机的整体，因此更能确保组织目标的实现。

---

① ［美］杰弗里·迈尔斯：《管理与组织研究必读的40个理论》，徐世勇、李超平等译，北京大学出版社2018年版。

（二）目标管理的缺点

目标管理不是一种完美的管理模式，尽管有很多优点，但在现实运作中也存在一些问题，这就需要管理者更好地理解和领悟目标管理法。它的局限性主要表现在以下几个方面。

（1）目标难以制定。德鲁克在《管理实践》中说："真正的困难不是确定我们需要哪些目标，而是决定如何设立这些目标。"组织内的许多目标难以量化和具体化，这就使得真正的目标难以确定。

（2）过分强调短期目标，容易导致短视行为。考核压力导致员工选择短期且易于实现的目标，可能会损害组织长期利益。目标管理强调结果导向，因而大部分的目标都是易于测量的、短期的产出类指标，这也是目标管理法一个主要的不足之处。

（3）对人性假设过于乐观。目标管理建立在Y理论对人性假设的基础上，但现实中并非人人都愿意参与管理、可以自我控制，因而目标管理所要求的承诺、自觉、自治气氛往往难以形成。

第三节　目标管理的实施流程

基于目标管理的绩效管理过程一般包括四个阶段：第一阶段是目标制定（绩效计划）；第二阶段是目标分解（绩效计划）；第三阶段是目标实施（绩效监控）；第四阶段是评价与反馈（绩效评价与绩效反馈）。

一、绩效目标制定

实行目标管理，首先要建立一套完整的目标体系。这项工作一般是从企业最高的管理层开始，然后由上向下逐级确定目标。上下级的目标通常是一种"目的—手段"关系：高一级的目标，需要用一定的手段来实现，这些手段就成为下一级的目标，按顺级推下去，直到作业层的作业目标，从而构成一种锁链似的目标体系。建立一套完整的目标体系是目标管理最重要的阶段。

在制定目标的具体操作中需要注意以下三点：（1）目标管理必须要被全体员工所理解；（2）上下级共同参与制定目标，并就如何实现目标达成一致的意见；（3）目标的制定是一个需要反复沟通的过程。

一般来说，首先由高层管理者预定目标，这是一个暂时的、可以改变的目标预案，即可以由上级提出，再同下级讨论；也可以由下级提出，上级批准，无论采用哪种方式，必须共同商量决定。其次，领导必须根据企业的使命和长远战略，估计客观环境带来的机会和挑战，对本企业的优势有清醒的认识，对组织能够完成的目标做到心中有数。最后，预定目标之后，需要重新审视现有的组织结构，根据新的目标分解要求进行调整，明确目标责任者和协调关系。不同层次目标之间的关系如图 4－2 所示。

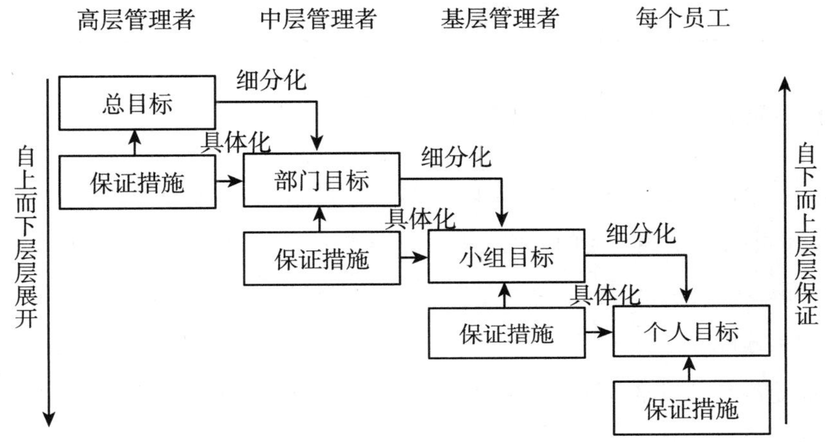

图 4－2　不同层级目标之间的关系

二、绩效目标分解

组织的总目标制定以后，就要把它分解落实到下属各部门、各单位直至职工个人。常见的目标分解的方法有以下几种。

（一）目标矩阵分解法

具体做法是：首先以职能部门作为矩阵的横坐标，以组织层面目标与措施作为纵坐标，寻找与各个目标相关的部门；其次确认强相关与弱相关部门；最后将强相关部门在目标矩阵中标出来。

表 4－1 列示了目标强相关识别的步骤：（1）在纵向栏目中填入组织层面（或部门）要分解的指标，将它们作为指标分解的“源头”；（2）在横向栏目中填入部门并根据各个部门职能（或员工岗位）进行指标驱动力的分析；（3）在各个部门和指标交界栏内作相应的记号表明将该指标分解至该部门（或员工岗位）。

表 4 -1 目标强相关识别

目标	市场部	销售部	生产部	研发部	……
目标 1	√		√		
目标 2		√		√	
目标 3	√	√		√	√
……					

（二）因果关系分析法（鱼刺图法）

因果关系分析法是一种发现问题根本原因的方法，也称为因果关系图法或鱼刺图法。它是从影响业绩的最主要的方面分析影响结果指标的原因，并以每个因素为结果，进行二级分解，找出子原因；以此类推，直到不能分解为止。

因果关系分析步骤如下：

（1）确定组织的战略目标（或分目标、子目标），并将其写在鱼骨的头上；

（2）列出实现该目标的可能原因（事件或行为），并尽可能多地列出；

（3）把相似的原因分组、归类，在鱼骨上标出；

（4）识别出重要的原因类型；

（5）进一步对原因分组归类；

（6）如此反复，直到无法继续进行为止，分别对各层次的原因项设置指标，作为相应事件或行为的监控变量，形成分层的指标体系。

例如，某企业的战略目标之一为实现某细分市场的领先地位，可以得到如图 4 -3 所示的因果关系分析图。从中可知，该企业这一战略目标的关键成功因素包括市场影响力、研发能力、人力资源、盈利能力、供应能力、客户服务，以及流程与 IT 支持，而各关键成功因素的监控指标（关键绩效指标）则分别体现在二级因果关系上，如对于市场影响力这一关键成功因素，可以通过市场占有率、销售网络规模和品牌声誉等指标进行描述和监控。

（三）价值树分解法

价值树分解法是在目标（或指标）之间寻找对应的逻辑关系，分别列出公司战略地图中的战略目标或策略主题，找出对应的关键绩效指标及驱动这些指标的关键驱动流程，以及对应的关键流程绩效指标。例如，企业以提高利润为目标，其手段是增加收入、降低成本；进一步寻找增加收入与降低成本的途径，直到不能分解为止（见图 4－4）。

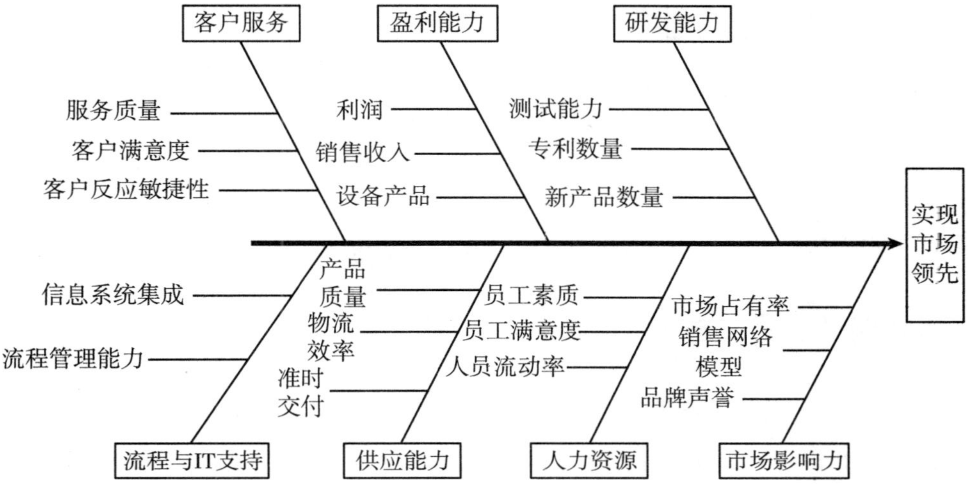

图 4－3　因果关系分析

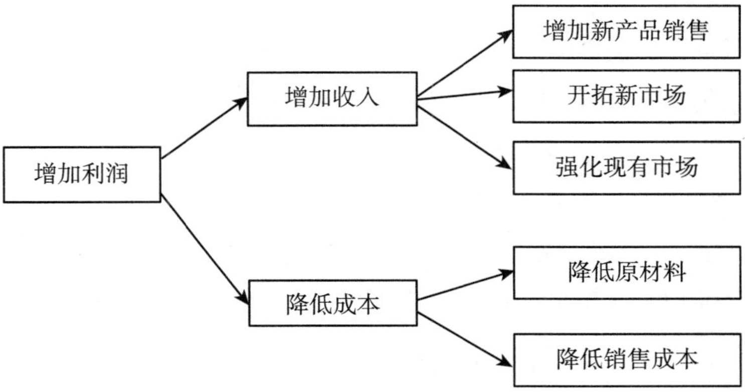

图 4－4　价值树分解

（四）财务运算分解法

财务运算分解法是指利用财务指标本身的运算关系进行层层分解。仍以利润为例，利润＝总收入－总成本，收入＝销售量×单价，总成本＝生产成本＋销售成本＋其他；利用财务指标之间的关系进行分解，直至不能分解为止（见图 4－5）。

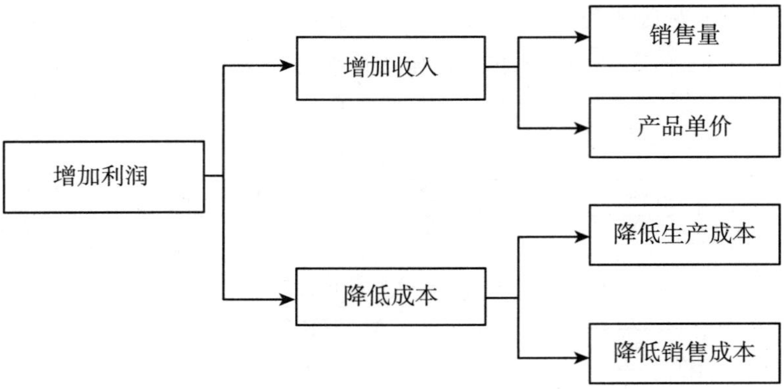

图 4－5 财务运算分解

三、绩效目标实施

组织中建立了自上而下的目标体系之后，各层次、各部门、各成员就要紧紧围绕确定的目标、授予的权力、赋予的责任，结合各自的特点，寻求实现目标的最佳途径。

（一）管理者与下级共同商定实现目标的行动计划

在明确了不同层级的目标以后，接下来要确定实现目标的行动方案。一般包含四个要素：（1）考核目标：在每一个层面里，你的目的是什么？（2）考核指标：衡量这个目的的指标是什么？例如，在财务层面要实现的一个目标是"增加销售收入"，那么"销售收入增长率"就是一个可选的指标。（3）目标值：这项指标所应该达到的一个度。例如，"每年的销售收入增长率是 10%"，这是目标值。（4）行动方案：为了完成某一项指标的特定目标值所应该采取的行动。例如，为了使销售收入增长率达到每年 10%，在营销方面、内部研发方面应该采取什么行动。目标管理实施计划方案如表 4－2 所示。

表 4－2　　目标管理实施计划方案

考核目标	考核指标	目标值	行动方案
提高业绩	销售收入	华东地区收入增长 10%	个人奖励计划 控制销售费用
	销售配额完成百分比	95%	改进绩效激励方案
市场开发	重点客户保持率	90%	定期回访 及时处理投诉 提高服务质量
	新客户开发	增长 10%	筛选新客户 加大宣传力度

续表

考核目标	考核指标	目标值	行动方案
创新性及质量	新产品研发数量	5个	提高技术人员能力，培养更优秀的开发团队
	产品缺陷率	下降15%	培训操作人员 加强质量监管
良好的企业氛围	工作满意度	90%	提高工资福利待遇 组织丰富多彩的活动
	核心员工保留	90%	提供个人发展空间

（二）实施行动计划

要保持定期对实施过程进行检查和反馈。在目标实施过程中，必须定期检查各项任务的进展情况。下级定期地向上级汇报实施目标的进展情况，上级则不断地将衡量结果反馈给下级，以便其能够调整自己的行动，与组织的整体计划保持一致。

（三）实现目标的进展情况，并向有关单位和个人反馈

及时了解工作进展情况，运用正式与非正式的沟通方式，发现问题，采取措施及时调整，从而确保目标的实现。

四、评价与反馈

目标成果的评价是目标管理过程中的最后一环，用以确认成果和考核业绩，并与个人的利益和待遇结合起来。计划期末，根据事先规定的水平与期限，上下级一起考核目标的完成情况，并进行奖惩；同时讨论下一阶段目标，开始新循环。主要工作有：结果评价；结果反馈；基于绩效的奖惩。

思考题

1. 什么是目标管理？有什么特点？
2. 如何实施目标管理？

案例分析

惠普公司的目标管理

虽然目标管理法的实施原理是相通的，具体到每个公司却有着质的区别。惠普公司目标管理法的特点是“知易行难”，主要是在工作过程中培养员工的领导力，具体包括以下内容。

1. 了解并信任每一位员工，这是实行目标管理法的必要前提

基于企业文化，惠普公司要求每位经理都要信任、尊重每位员工，并根据员工的胜任力与他们共同设定适当的目标，以最终达成企业目标。通过信任每一位员工，给予他们实现个人目标的适当权力，真正激发员工的主动性、积极性和创造性。

2. 用SMART原则设定企业和员工目标

设定目标本身是一件充满挑战的工作，正确、有效的目标在惠普公司内是采用SMART原则设定的。SMART原则仅仅是设定目标的出发点，惠普公司在目标设定的过程中，还会考虑到以下方面。

（1）一个好的目标要具有关联性。在企业内部，每一个目标都要具备上下关联性，从而为企业的整体目标服务。

（2）一个终期的目标需要由几个阶段性目标组成。通过这种方式，可以及时发现问题，进而解决问题。

（3）不能只有结果目标，还要有过程目标。对企业来说，同样重要的还有考虑包括销售平均定额、效率衡量、员工满意度、客户满意度、企业公民行为等在内的过程目标。

3. 实践目标管理法的三要素：数据、GAP分析和激励

任何目标的实现，都需要配套的、有效的数据采集系统，用于说明过程目标的完成情况，用来评价阶段性目标和过程目标。定期的GAP分析与检查是实现目标管理法的利剑。所谓GAP分析，就是站在未来某一时间点上，通过分析现状和预期之间的差距，及时发现目标可能无法按时实现的风险，进而做出中肯的分析，重新找到达成目标的方法。要根据GAP分析与检查的结果，在每一个过程目标实现后，激发员工的主动思考能力。对表现出色的员工要给予奖励；对没有完成任务的员工，应帮助其分析原因，激励员工克服困难、迈开脚步更好地完成工作。

惠普公司目标管理法的主要步骤有四个。

1. 设定目标

目标的内容要兼顾结果与过程，这是根据岗位职责和公司整体目标，由主管者和团队成员一起讨论确定的。

2. 制订计划

在此过程中，主管者只是对团队成员进行鼓励，不会越俎代庖；而团队成员将充分发挥创造力和想象力，对终极目标进行阶段性分解，选择最佳的工作方法，并征得主管者的认同。

3. 进展总结

由主管者、员工和相关团队一起，定期分析现状与预期目标的差距，找到弥补差距、完成目标的具体措施。

4. 绩效评价

在目标任务终止期进行总体性的绩效评价：如果没有达成目标，要检讨原因；如果超出预期，或者达成了当初看上去难以完成的目标，则要分析成功的原因，并与团队分享经验。

惠普公司在实施目标管理法的过程中，要求主管领导始终努力创造一种氛围和机会，调动员工的主动性和潜力，激发员工追求卓越和创新的精神。主管领导不仅要具有足够的勇气，给员工尝试、创新的机会，同时也要有敢于承担失误、承受风险的勇气，更重要的，还必须了解每一位员工的特点，具备对时机、风险、分寸的把握和判断的能力。

惠普公司的目标管理法在公司以及每位员工的发展过程中均起到了十分重要的作用。

首先，惠普公司的目标管理法有效地提高了公司的执行力。惠普公司目标管理法的过程以及每位主管在整个过程中所精心考虑的问题，使得双方可以更为准确地了解企业和自己的目标，即使员工在目标实现的阶段中发现有偏差，也可以得到最快的矫正，双方能在愉悦的气氛中完成自己的使命，确保每项目标的顺利实现。这样，不管是公司主管还是普通员工都能在保证沿着公司制定的战略目标前进的同时得到自我提升，同时也能保证公司每项决策的执行力度。

其次，目标管理法也增强了企业的凝聚力和亲和力。惠普公司的目标管理法正好与“惠普之道”密切相关，尊重员工，信任员工，使员工可以参与到企业的日常管理中，更大程度地激励员工紧密关注公司的发展，同时也减少了领导与员工的距离感。惠普公司的目标管理法也有效培养了员工的领导力。惠普公司给员工提供的是一个宽松和谐的工作环境，即使是一名普通员工，也必须和主管领导一起制定自己的目标，提出自己实现目标的方法，与团队和经理实时沟通，分析现状与预期的差距，找出解决方案，这样在不知不觉中就不断为企业培养了生力军。

最后，惠普公司的目标管理法在其平时的实践中可以真正做到不流于形式，而且正是由于这种管理模式使每位员工都充分发挥了工作的主动性，在一次次解决问题的过程中培养起独立判断、自主解决问题的能力，在无形之中提升了员工的领导力，进而也增强了企业的核心竞争力，实现了企业的可持续发展。

资料来源：林新奇，《绩效管理》，中国人民大学出版社 2016 年版。

问题

1. 惠普公司是如何克服目标管理法的缺点而发挥其优点的？
2. 惠普公司导入目标管理法的指导原则是什么？
3. 如何评价惠普公司实施目标管理法的过程和结果？

第五章

关键绩效指标法

【学习目标】

1. 了解 KPI 法的基本原理。
2. 掌握 KPI 法的内涵、操作流程、适用范围及注意事项等内容。
3. 把握 KPI 法的优缺点。
4. 运用 KPI 开发与实施绩效管理。

第一节　关键绩效指标

一、关键绩效指标简介

美国学者戴维·帕门特（David Parmedter，2017）从组织的成果指标与绩效指标的比较出发，提出了组织的关键成果指标（KPI）与关键绩效指标（KPI）的概念，进而分析了关键绩效指标的特征。

（一）成果指标与关键成果指标

1. 成果指标

组织的成果指标涉及的是已经完成的工作，是工作的结果。成果指标往往是财务性质的指标，它们既可以按照每季度、每月的周期进行评价，又可以按照每周、每天的周期进行评价。评价内容既包括公司的日常活动，也可以包括未来计划的事件，如过去一天的销售情况、过去 30 天中实施的员工建议数量，以及根据最近的顾客满意度调查报告已经实施的项目数量。

2. 关键成果指标

关键成果指标是企业活动的重要结果。这些指标的特征是，它们均是企业活动的结果，而且它们能够提供关于企业经营情况的重要信息，帮助高层管理者做出判断。但是，关键成果指标不能为决策者提供改进结果的措施。这些指标一般包括顾客满意度、员工满意度、投资收益率等。一般来说，关键成果指标是董事会和企业高层管理者关心的，它反映了企业的经营与管理状况。

（二）绩效指标与关键绩效指标

1. 绩效指标

绩效指标是非财务性的指标（否则就属于成果指标），可以反映某个具体团队的情况。绩效指标与关键绩效指标的区别在于，后者被视为企业健康发展的关键，对企业成功具有至关重要的意义，如每个团队/部门实施的创新项目的数目、计划未来两周内进行的拜访客户的活动。

2. 关键绩效指标

戴维·帕门特（2017）认为，关键绩效指标是指那些关注企业绩效各个方面的评价指标，这些评价指标对企业当前的发展和未来的成功起关键作用，意义重大。戴维·帕门特对关键成果指标和关键绩效指标的比较如表 5－1 所示。

表 5－1　　关键成果指标和关键绩效指标的比较

关键成果指标	关键绩效指标
可以是财务评价指标，也可以是非财务评价指标（如已投资资本回报率和顾客满意度）	非财务评价指标（不以美元、日元、英镑、欧元等货币单位进行计算的指标）
主要以每月，有时候以每季度为基础开展评价	频繁地开展评价（例如，按照每周 7 天、每天 24 小时，每天或每周的频率进行评价）
总结公司迄今为止的工作进程，向董事会报告	向首席执行官和高级管理团队汇报
它对于员工和管理层来说没有帮助，因为它没有告诉你何处需要调整	所有员工都理解评价指标，并知道如何采取正确的行动
通常来讲，只有首席执行官需要对关键成果指标承担责任	某个团队或几个密切合作的团队需要承担责任
关键成果指标的目的是总结某领域的进程，常常关注的重点是董事会成员眼中的外部关键成功因素	有重要的影响（例如，影响至少一个内部关键成功因素和平衡计分卡愿景）
一个关键成果指标是许多活动通过多种绩效评价指标衡量后的结果	重点关注某一具体活动
报告通常是以趋势图的方式汇报过去至少 15 个月的活动	报告通常是以企业内部网的方式汇报相关的活动事项、负责人、历史记录，并可以致电详谈

资料来源：［美］戴维·帕门特，《关键绩效指标》（第三版），张丹等译，机械工业出版社 2017 年版。

二、关键绩效指标的特征

（一）反映战略价值的驱动因素

关键绩效指标是对组织战略目标的分解，通常是非经济评价指标。组织战略目标的实现需要制定组织的业务重点，即组织未来成功的关键领域。而要使这些关键业务领域取得成功，就需要相应的关键绩效指标的支持，这就初步形成了组织级的关键绩效指标，再将这些指标分解落实，就形成了部门的关键绩效指标和岗位的关键绩效指标。由此可见，关键绩效指标所体现的衡量内容最终取决于组织的战略目标，关键绩效指标是对组织战略目标的分解。

（二）有重要的影响（影响一个或多个关键成功要素）

关键绩效指标是对重点经营活动的衡量，而不是对所有操作过程的反映。组织中的每个岗位的工作内容都涉及不同的方面，高层管理人员的工作任务更为复杂，但关键绩效指标只对组织整体战略目标影响较大的工作进行衡量，而不是对所有操作过程的衡量。因此，关键绩效指标也是高层管理者关注的对组织有重要影响的指标。

（三）关键绩效指标是对绩效构成中可控部分的衡量

组织经营活动的效果是内因和外因综合作用的结果，其中内因是员工可控制和影响的部分，也是关键绩效指标所衡量的部分。关键绩效指标应反映员工工作的直接可控的效果，剔除他人或环境造成的其他方面影响。

（四）关键绩效指标是具有驱动性作用的指标

关键绩效指标来源于关键成功要素，对组织关键成功要素的取得具有驱动作用。因此，关键绩效指标属于前摄性指标，是将日常绩效与组织的关键成功要素真正挂钩的评价指标，它与只具有滞后效应的财务指标具有本质的区别。

戴维·帕门特（2017）归纳了关键绩效指标的7个特征，分别是非财务指标、及时性、高管关注、简单易懂、团队责任明确、产生重大影响、负面影响小。

第二节　关键绩效指标法（体系）

20世纪80年代，管理学界开始关注将绩效管理与企业战略相结合，在考核过程中，将结果导向与行为导向相结合，强调工作行为与目标达成并重。在这种背景下，关键绩效指标法或关键绩效指标评价体系应运而生。

一、关键绩效指标法的内涵

关键绩效指标法是通过对组织当前发展与未来成功起关键作用的驱动因素和核心事件的识别、评价、监控从而达到实现组织战略目标的过程。

关键绩效指标法是基于企业经营战略的系统性的指标体系，其目的是建立一种机制，将企业战略转化为内部过程和活动，不断增强企业的核心竞争力，使企业能够得到持续的发展。其内涵包括以下几个方面。

（一）关键绩效指标是衡量企业战略实施效果的关键指标

关键绩效指标体现的是对组织战略目标有增值作用的绩效指标，基于关键绩效指标进行的绩效考核，对企业成功具有重要的促进与保证作用。它有两个方面的含义：一方面，关键绩效指标是战略导向的，它由企业战略目标层层分解产生；另一方面，关键绩效指标强调关键，即对企业成功具有重要影响的方面。

（二）关键绩效指标能够非常有效地反映影响企业价值创造的关键驱动因素

关键绩效指标反映的是最能有效影响企业价值创造的关键驱动因素。关键绩效指标制定的目的是明确引导经营管理者将精力集中在能对绩效产生最大驱动力的经营行为上，及时了解、判断企业营运过程中产生的问题，及时采取提高绩效水平的改进措施。设立关键绩效指标的价值在于：使经营管理者将精力集中在对绩效有最大驱动力的经营行动上。

（三）关键绩效指标必须是可以量化的

关键绩效指标法是用于考核和管理被考核者绩效的可量化的或可行为化的标准体系。如果难以量化，也必须是可以行为化的。

二、关键绩效指标法的理论基础

关键绩效指标法的理论基础为帕累托法则或二八原理，即关键的少数和次要的多数原理。意大利经济学家帕累托发现，在原因和结果、投入和产出、努力和报酬之间存在一种典型的不平衡现象：80% 的成绩归功于 20% 的努力；市场上 80% 的产品可能是

20% 的企业生产的；20% 的顾客可能给商家带来 80% 的利润。因此，应在决定一个事物的众多因素中分清主次，识别出少数的但对事物起决定作用的关键因素和多数的但对事物影响较小的次要因素。

二八原理应用到绩效管理中，具体就体现在关键绩效指标上。所谓关键绩效指标，是指对组织的总体战略目标的实现起决定作用的指标，抓住了这些指标，就抓住了绩效考核的核心。

建立关键绩效指标体系，首先要明确公司的战略及目标。企业战略规划是实现企业绩效管理的前提。战略实施要点通过关键绩效指标落地。公司各层管理者应该清楚地了解企业战略成功的关键，并就此达成共识，从而制定企业战略目标，并且通过关键绩效指标体系将战略目标分解到各系统、各部门直至员工，最终形成以关键绩效指标为核心的目标责任体系。

关键绩效指标法是基于“过程 + 结果”的绩效管理方法，关键绩效指标只是用来衡量那些非常重要且可监控组织运行状况是否良好的少数活动和过程。关键绩效指标来源于对企业整体战略目标的分解，能够非常有效地反映影响企业价值创造的关键驱动因素；关键绩效指标是对重点经营活动的衡量，而不是对所有操作过程的反映；设立关键绩效指标的价值在于使经营管理者将精力集中在对绩效有最大驱动力的经营行动上。

三、关键绩效指标法的优缺点

（一）关键绩效指标法的优点

1. 有助于抓住关键工作

关键绩效指标法建立在通过对公司关键成功要素的识别与测量进而达到管理目的的假设基础上。因此，实现了关键绩效指标则意味着控制了关键成功要素，即公司里关键的工作。

2. 目标明确，确保各层各类员工努力方向的一致性

关键绩效指标法中的指标之间具有相互关联的关系，下一级指标是上一级指标分解的结果，不同层级的关键绩效指标之间是目标与手段的关系。由于不同层级的指标都有一个共同的目标，确保了所有员工之间努力方向的一致性。

3. 有利于公司战略及其目标的落实

关键绩效指标是企业战略目标的层层分解，通过关键绩效指标的整合和控制，使员工绩效行为与企业目标要求的行为相吻合，不至于出现偏差，有力地保证了公司战略目标的实现。通过对企业组织战略目标的层层分解，使公司战略目标成为个人绩效目标，

员工个人在实现个人绩效目标的同时，也是在实现公司总体的战略目标，达到两者和谐、公司与员工共赢的结局。

（二）关键绩效指标考核的缺点

1. 关键成功因素相对独立，缺少明显的逻辑关系

寻找关键成功因素是关键成功因素法的核心问题，然而关键成功因素之间相对独立，不易识别与开发，导致指标体系开发难度大。

2. 关键绩效指标对绩效管理系统的牵引方向不明确

根据关键成功要素分解而来的不同层级、不同岗位的关键绩效指标缺乏一致的方向，因而不能像平衡计分卡那样形成四个维度一致的指标体系，从而使指标体系对绩效管理系统的牵引方向不明确。

3. 关键绩效指标比较难以开发和界定

关键绩效指标更多是倾向于定量化的指标，这些定量化的指标是否真正对企业绩效产生关键性的影响，如果没有运用专业化的工具和手段，就会很难界定。

4. 关键绩效指标会使考核者误入机械的考核方式

过分地依赖考核指标，而没有考虑人为因素和弹性因素，人的主观能动性被压抑。关键绩效指标体系强调指标层级之间的层层分解与驱动，因而，更多地取决于组织以及部门指标对岗位工作绩效的要求，在这一过程中，下级的主动性往往难以发挥作用。

第三节　关键绩效指标体系的开发

一、确定组织的关键成功因素

（一）关键成功因素的定义

关键成功因素（key success factors，KSFs；or critical success factors，CSFs）是指公司擅长的、对成功起决定作用的那些因素。在组织经营过程中，总存在着多个变量影响战略目标的实现，其中若干个是关键的和主要的（即成功变量）。因此，关键成功因素指的是对企业成功起关键作用的因素。

关键成功因素决定了企业的持续健康发展、生命力和前景。通过对关键成功因素的识别，找出实现目标所需的关键因素的集合。戴维·帕门特（2017）指出，任何企业的关键成功因素大概只有5～8个，它们是组织内部或外部经营环境中对组织战略目标的实现具有主要影响的那些变量或特征。

组织的关键成功因素通常可以分为外部因素和内部因素两大类。其中，与组织经营的外部环境相关的因素包括政治、经济、社会和技术四个方面，通常通过PEST分析等工具进行识别；而内部环境相关的因素则可以从人、财、物、产、供、销六个方面的流程管理进行分析，其中最重要的内部因素是企业战略。戴维·帕门特（2017）把这些关键成功因素的来源归纳为特定行业的因素和特定企业的因素。来自行业的关键成功因素影响公司进入行业的切入点，它与行业特征有关；来自本公司的关键成功因素影响公司的竞争地位和优劣势，它受到特定企业的竞争战略、企业日常业务以及暂时因素的影响。

戴维·帕门特总结了关键成功因素的特点：（1）表达清晰，易于理解；（2）公司董事会以及高层管理人员十分熟悉；（3）适用于平衡计分卡的多个维度的指标；（4）与企业高度相关，不应该被分解为不同部门的关键成功因素；（5）对其他成功因素有重要影响，具有明显的相关性。

（二）识别关键成功因素的方法

常用的发现关键成功因素的方法包括分析归纳法、头脑风暴法、顾客访问法、专家意见法、管理人员访谈法等，关键在于找出组织的业务重点，并以此确定重点业务领域的关键绩效指标，从而建立组织层面的关键绩效指标体系。

采用分析归纳法可以帮助企业梳理关键成功因素，并对未来的关键成功因素进行思考。一般梳理过程包括以下几个问题：（1）这个企业为什么成功？过去成功的原因是什么？（2）过去的成功因素是否还继续有效？哪些因素成为成功的障碍？（3）企业追求的目标是什么？（4）未来成功的关键是什么？

通过这样的分析归纳，直至最后找到关键成功因素。

（三）关键成功因素的来源

1. 环境因素

环境因素包括对所有公司都有一定影响的客观环境因素：制度、政治、经济。环境关键成功因素超出了公司自身的控制能力。环境关键成功因素变化时，公司必须考虑针对这种变化做出快速、适当的反应，调整自身战略。

2. 行业特征

在任何一个行业或市场内，都有一些与别的行业不同的因素对获取成功起着关键的作用。它决定了行业对企业运营成功的独特要求，如需求特征、技术特征、产品特征、顾客、生产流程等。

3. 公司因素

公司因素即来自公司本身的因素，主要基于公司自身的能力和资源，如竞争战略选择等，而公司的创新可能改变整个行业的关键成功因素。识别公司内部的关键成功因素，需要分析哪些关键成功因素影响到公司的竞争策略与行业地位。除了能力与资源以外，公司的发展历史和传统会影响其关键成功因素的选择。

（四）确定关键成功因素的规则

正确地确定关键成功因素对开发关键绩效指标具有决定性的影响，因此关键成功因素的选取必须遵循以下原则：（1）内部关键成功因素要限制在5～8个；（2）仅确立一套内部关键成功因素；（3）企业内部运营的关键成功因素不是关键结果领域；（4）关键成功因素与企业战略的关系；（5）内部关键成功因素是关键绩效指标的来源。

二、确定公司级关键绩效指标

在确定了关键成功因素之后，需要进一步确定公司级关键绩效指标。通常，公司级关键绩效指标由以下几个层级构成：（1）公司层面关键绩效指标，它是由公司的关键成功因素以及战略目标演化而来的；（2）部门层面关键绩效指标，它是根据公司层面和部门职责来确定的；（3）由部门关键绩效指标落实到工作岗位的关键绩效衡量指标。

关键绩效指标体系中，组织级关键绩效指标的制定尤为重要，因为后续的关键绩效指标均依据组织层面关键绩效指标来制定，若组织层面关键绩效指标不合理，将导致后续的关键绩效指标可操作性差，影响组织的绩效管理。某餐饮行业企业的关键绩效指标如表5－2所示。

表5－2　某餐饮行业企业的关键绩效指标

关键成功领域	关键成功因素	关键绩效指标
优秀菜品	质量控制	原料检测合格率
	多样化菜品的研发	新菜品开发计划完成率
		顾客对菜品的满意度
利润与增长	成本	费用降低率
	价格	有竞争力的价格
	利润	销售增长率
		利润总额

续表

关键成功领域	关键成功因素	关键绩效指标
顾客服务	主动服务	餐后调查及时性
	响应速度	问题及时答复率
	服务质量	顾客投诉率
		服务态度
市场	店址遴选	人流密集度
	市场份额	市场占有率
	响应市场速度	迎合大众及时性
人力资本	员工满意度	员工满意度综合指数
	员工开发	培训计划完成率
		员工培训满意度

对于关键绩效指标的数量，戴维·帕门特（2017）提出了确定组织关键绩效指标的10/80/10规则（见表5－3）。即在一家全职员工超过500人的企业中，大约需要10项关键成果指标，至多80项成果指标和绩效指标，以及10项关键绩效指标。这些指标的评价评率不同，按照不同的时间间隔进行评价。这里的“10/80/10”是指标数字的上限，大多数情况下，实际数字要比这些数字小。

表5－3　　　　10/80/10规则

绩效评价指标的类型	特点	评价频率	评价指标数目
(1)关键成果指标（KRI）：概述公司过去的绩效，展示管理层的管理水平（例如，已投资资本回报率、员工满意度、息税前净收益等），是董事会全面掌握公司运营情况的理想指标	这些指标可以是财务指标，也可以是非财务指标，但他们无法告诉你需要采取哪些行动。关键成果指标是对多个团队共同努力的成果总结	每月、每季度	最多10项
(2)成果指标（RI）：总结具体领域几个团队的共同努力（例如，上一个工作日的销售额、来自关键客户的投诉等）		每周7天、每天24小时，每周，每两周，每月，每季度	大约80项。如果超过150项，意味着你将面临严重的问题
(3)绩效指标（PI）：是有目的的评价指标，告诉员工和管理团队需要采取什么样的行动（例如，下周/未来两周对关键客户进行销售访问，过去30天内实施的员工建议数量等）	这些评价指标是非财务指标。员工知道采取何种行动提高绩效。责任与一个团队或者密切合作的几个团队挂钩		
(4)关键绩效指标（KPI）		每周7天、每天24小时，每天，每周	最多10项（你可以大幅削减这个数字）

资料来源：［美］戴维·帕门特，《关键绩效指标》（第三版），张丹等译，机械工业出版社2017年版，第20页。

三、建立部门层面关键绩效指标以及岗位关键绩效指标

各部门负责人根据公司层面关键绩效指标，结合部门职责明确部门工作流程中的关键因素，识别并建立评价指标体系，形成部门级的关键绩效指标，常用方法包括目标矩阵分解法、因果分析法、策略目标分解法、价值树法等。一般来说，建立关键绩效指标体系有两条主线：一条主线是按组织结构分解，即“目标—手段”方法，从上到下，由高至低，纵向延伸；另一条主线是按主要流程分解，采用连带责任方法，下道工序就是客户。最后实现二者的有效结合：既有工作目标，又有工作责任。

部门负责人根据部门关键绩效指标的情况，与各岗位人员共同参与，结合岗位职责，将部门级关键绩效指标进一步分解出各岗位的业绩衡量指标，即岗位级关键绩效指标。表 5 - 4 至表 5 - 6 为岗位关键绩效指标考核示例。

表 5 - 4　　人事行政经理 KPI 考核示例

序号	KPI 项目	KPI 定义说明	达成目标	权重分值	评分标准
1	销售目标达成	(当月达成销售额/当月预算销售额) ×0. 5 + (当月完成毛利总额/当月预算毛利额) ×0. 5	达成年初预算	10	依据财务提供的考核系数
2	不良率	依据财务部提供的综合不良率数据	≤5%	10	每减少 1%，质量得分加 10 分;每增加 1%，减 10 分
3	人员流失率及招聘及时率	人员流失率 = 离职人数/(期初人数 + 当月入职人数) ×100% 招聘达成率 = 1 - {(计划招聘人数 - 实际招聘人数)/员工总人数} ×100%		20	当月无员工离职，加 5 分; 员工离职率小于 2%，不扣分; 每增加 1%，扣 1 分; 招聘达成率 100%，加 5 分; 招聘达成率每降低 1%，扣 1 分
4	培训完成情况	根据年初培训计划完成的培训任务个数，未培训或培训不合格视为未完成	全部达成	10	未完成一项扣 2 分
5	劳资关系管理	管辖区域内的合同未提前按原合同要求及时办理续签	100% 完成	20	未达成 1 次，减少 2 分
		公司重要证件证照/员工档案保管不当、未进行年审或更新不及时			
		人员发生纠纷，未及时处理或处置不当			
		合理安排员工住宿及就餐			

续表

序号	KPI 项目	KPI 定义说明	达成目标	权重分值	评分标准
6	当月整体工作表现	总经理根据具体表现打分		15	每月由总经理根据当月表现打分
7	安环消管理	按照规定频率对现场进行日常安全检查及专项检查，检查后应及时通知相关部门进行整改	100%	15	日、周、月、季、年检查与隐患整改记录可查，专项检查按照频率进行（节假日前安全检查）。供应商入厂试工安全协议及培训资料，危险作业审批单可查。缺少一次扣 2 分。 被执法部门检查处罚此项不得分
扣分项					
1	重大安全事故		人员伤亡，造成公司损失金额 2000 元以内扣 5 分，2000～10000 元扣 10 分，10000 元以上扣 15 分		
2	职业病		经劳动部门认定员工患职业病，每出现 1 人扣 5 分		

表 5－5　　生产经理 KPI 考核示例

序号	KPI 项目	KPI 定义说明	达成目标	权重分值	评分标准
1	部门管理	部门综合管理，保障工作顺利开展		20	由总经理根据当月表现打分
2	月不良率	依据财务部提供的综合不良率数据	≤5%	20	月不良率每减少 0.1%，质量得分加 2 分；每增加 0.1%，减 2 分。 当月首件检查 0 失误，加 3 分
3	产量	$\frac{\text{当月入库数量}}{\text{当月目标产量}}$		20	依据物流部提供的考核系数
4	员工离职率（公司开除不算在内）	当月办理完离职手续的人数算为当月离职人数	≤1	10	控制在 1 人离职（含 1 人）得 5 分；离职 2 人（含 2 人）得 2 分；离职 3 人及以上不得分

续表

序号	KPI 项目	KPI 定义说明	达成目标	权重分值	评分标准
5	销售目标值以财务预算为准	$\frac{当月达成销售额}{当月预算销售额}\times 0.5+\frac{当月完成毛利总额}{当月预算毛利额}\times 0.5$	达成年初预算	15	依据财务提供的考核系数
6	培训及问题改善	依据培训计划；过程出现的问题改善需要采取的培训和提升	培训有效；相同问题不得重复发生；员工质量意识符合文件规定	15	未按培训计划完成培训或培训无效，发现一次扣3分；过程改善的措施无效，同一问题重复发生一次扣2分，发生二次扣5分
扣分项					
1	重大安全事故		人员伤亡，造成公司损失金额2000元以内扣5分，2000～10000元扣10分，10000元以上扣15分		
2	5S 管理		QA每周不定期检查，月末计算平均分，85～89分扣0.5分，80～84分扣1.5分，80分以下扣6分		
3	安全隐患整改		人事行政部每周进行现场安全检查，检查后将安全隐患发送至各部门，未在规定时间内回复及整改一次扣2分		

表5－6　　技术经理 KPI 考核示例

序号	KPI 项目	KPI 定义说明	达成目标	权重分值	评分标准
1	新品开发、工艺改进	按照设计开发程序提供开发相应阶段的记录； 工艺交接完整； 按立项项目开发，按提案书计划试制次数	及时有效地完成新品开发、工艺改进项目	20	未按照设计开发程序提供开发相应阶段的记录，每项/次，扣3分；因工艺交接不完整，未造成批量报废，扣3分/次，造成批量报废金额达1万元以上，扣10分/次

续表

序号	KPI 项目	KPI 定义说明	达成目标	权重分值	评分标准
2	不良率	依据财务部提供的综合不良率数据	≤5%	15	每减少 1%，质量得分加 10 分；每增加 1%，减 10 分
3	采购规范、技术工艺文件、顾客询价所需的材料成本和技术规范	及时准确提供采购规范；及时正确提供询价所需的材料成本和技术规范	100%	20	未按时、发现缺失、错误，扣 5 分/次
4	现场工艺问题处理	按控制程序规定及时现场工艺处理（未攻克的工艺难题除外）	及时、准确	20	工艺处理不及时耽误生产的，每次扣 2 分；不符合文件控制程序规定的，每次扣 1 分
5	销售目标达成	$\frac{当月达成销售额}{当月预算销售额}\times 0.5+\frac{当月完成毛利总额}{当月预算毛利额}\times 0.5$	达成年初预算	15	依据财务提供的考核系数
6	部门管理	部门综合管理，保障工作顺利开展		10	由总经理根据当月表现打分

扣分项

1	重大事故	人员伤亡，造成公司损失金额 2000 元以内扣 5 分，2000 ~ 10000 元扣 10 分，10000 元以上扣 15 分
2	团队管理及持续改进，态度、执行力、临时交办工作完成情况等	月度报告提交延误、缺乏条理性、效率低下、影响工单交期、项目延迟等扣 1 ~3 分/次

思考题

1. 什么是关键绩效指标？它有哪些特点？
2. 什么是关键绩效指标法？
3. 如何设计关键绩效指标？

案例分析

海底捞的 KPI 考核

作为国内成功的餐饮企业之一，海底捞有许多成功的经验。海底捞曾使用大部分公司盛行的关键绩效指标（KPI）法，在应用 KPI 考核的实践中也遇到一些问题，主要是指标设计问题。

一、事与愿违的关键绩效指标

1. 对服务员考核“点台率”

海底捞曾经将“点台率”作为考核服务员的关键指标。根据该指标，客人如果来店就餐时，点哪个服务员的次数越多，就代表客人的满意度越高，从而那个被点名服务的服务员的奖金也就越高。这听上去挺合理，但是结果事与愿违。很多服务员为了赢得更高的点台率，利用手中的赠品权给客人赠送黄豆、豆浆、小菜等各种食品，而且服务员之间相互攀比，看谁给客人送的东西多。结果可想而知，以点台率为指标的客观绩效考核导致了服务员之间的恶性竞争，服务员的点台率是上去了，奖金拿得也多了，但是整个分店的成本也增加了，利润率也下来了。

2. 对分店考核“利润”

由于海底捞的管理模式是总部控制了选址、装修、菜式、定价和工资等大项，分店为了提高利润，就只能拼命在小项支出上节约成本，结果导致该换的扫把没有换，该送的西瓜没有送，给客户提供的毛巾也没有及时更新。为了短期利润考核指标，导致分店变相地降低了服务质量，短期利润是上去了，但长期来看减少了客人，实际上是“捡了芝麻，丢了西瓜”。

3. 对分店考核“翻台率”

为了提高客户的满意度，海底捞曾经对分店考核“翻台率”。翻台率越高，证明客户满意度越高。可是这样一来，分店为了追求“翻台率”，又闹出了一些麻烦。海底捞生意火爆，不预订肯定没有位置，但是预订了，客人晚到了几分钟，结果发现还是没位置。因为预订客人晚到，意味着空台，翻台率就会下降，这时候分店就会把预订好的位置让给别的客人。这就造成分店考核“翻台率”上去了，但客户满意度反而下降了。

二、啼笑皆非的关键绩效指标

为了提高服务员的服务质量，海底捞曾经在考核服务员时设置了非常细化的关键绩效指标。比如，客人杯子里的水不能低于多少，客人戴眼镜一定要给眼镜布，客人的手机一定要拿手机套装上，否则就会扣分。结果演变成，只要来客人服务员都送眼镜布；客户说豆浆我不喝了，不用加了，不行，必须给加上；最好笑的是手机套，有的客人说不用，但服务员会趁客人不注意的时候，把手机抓过去给套上。

三、难以落地的关键绩效指标

海底捞在给员工提供住宿方面有一个关键绩效指标：员工从餐厅到宿舍步行不能超过20分钟。因为员工下班很晚，如果走得远就太累了。餐厅一般都设在繁华地段，离繁华地段步行20分钟的地方都是很贵的小区，而海底捞依然坚持在高档小区给员工租房子。很多人对于海底捞这个指标的设置都是一片赞誉，认为是对员工关怀的管理典范。但是从绩效考核角度来讲，这实在是很奇怪的一项关键绩效指标。繁华闹市区的房子房租高暂且不谈，更为突出的是往往是一房难求，海底捞一家分店这么多员工，哪里能找到这么多房源呢？这项指标看上去很美，实则很难落地。

四、走向极端的绩效考核

正因为海底捞在关键绩效指标设置上走过这么多的弯路，因此张勇干脆去掉了所有量化客观的绩效考核指标，走向了极端。它主要选取三个主观评价指标：顾客满意度、员工积极性和干部培养数量。对顾客满意度的考核方式，是小区经理去分店巡查，询问店长关于客人的满意情况；对员工积极性的考核方式，是以上司评价为主，以抽查和派遣“神秘访客”为辅；对干部培养数量的考核方式，是看管理者培养了多少个分店店长和一级店店长。而上述所有的考核，全都是上级的主观评价。

资料来源：《海底捞在 KPI 绩效考核实践中走过的一些弯路》，HR 案例网，2018 年 11 月 25 日。有删改。

问题

1. 如何评价该公司的关键绩效指标？
2. 如何避免实施关键绩效指标法出现的问题？

第六章

平衡计分卡

【学习目标】

1. 了解BSC的含义、原理。
2. 掌握BSC方法的特点、适用范围及注意事项等内容。
3. 掌握实施BSC的基本流程。

第一节 平衡计分卡简介

一、平衡计分卡的产生与发展过程

（一）平衡计分卡的产生

20世纪90年代以前，以基于企业价值和经济增值等内容的财务体系为核心的绩效评价方法居于主流地位。然而，以财务体系为核心的绩效管理与评价框架难以适应企业的发展和外部的挑战。许多组织的战略管理也面临挑战，尽管组织进行了严格的绩效考核，但绩效管理与战略管理两者之间缺乏联系，最终战略与目标难以落地。

平衡计分卡是由哈佛大学商学院著名教授罗勃特·卡普兰和诺顿公司的总裁大卫·诺顿于20世纪90年代初创立的。卡普兰和诺顿发现，企业单纯根据财务指标考核企业绩效存在众多问题，过度关注企业财务指标会导致只重视短期目标而忽视长期目标，进而损害企业的长期利益，甚至给企业带来毁灭性的打击。他们建议从多个角度来评价企业绩效，强调绩效考核不仅要看结果，更要注重过程，由此提出了平衡计分卡的概念。平衡计分卡的逻辑框架即从财务角度、顾客角度、内部流程角度、学习与成长角度关注企业绩效的实现，然后选择与具体的战略目标相连的指标来构成整个测量体系。因此，整个平衡计分卡体系反映了多种平衡关系：财务指标和非财务指标、短期目标和长期目标、领先目标和滞后目标、内部业绩和外部业绩。1992 年，卡普兰和诺顿在《哈佛商业评论》上发表了他们的研究结果，正式提出平衡计分卡的概念。由于平衡计分卡具有强有力的理论基础等特点，故一经提出便迅速在企业和政府部门得到广泛的应用。至 20 世纪末，全球大型企业中有半数以上使用了这一方法来改进战略与绩效管理。随着外资管理咨询公司进入我国，平衡计分卡也在 90 年代后期迅速进入我国，并成功应用于企业的绩效管理与战略管理领域。

（二）平衡计分卡的发展历程

平衡计分卡从产生到成熟经历了以下几个发展阶段。

1. 用于绩效考核

1990 年，卡普兰和诺顿带领一个研究小组进行了有关绩效评价的研究项目。他们还邀请了美国 12 家绩效卓著的企业参与其中，包括通用电气、杜邦、惠普等知名的公司。

项目小组研究出绩效管理新方法，并命名为"平衡计分卡"。这一阶段，平衡计分卡是作为一个对绩效评估的改进工具使用的，目的是弥补传统绩效管理手段在业绩指标体系设计方面的弊端。

2. 用于战略实施与管理

平衡计分卡一经提出便得到实践领域的认可，一些公司的高层管理者提出希望平衡计分卡能够传递公司战略并建立与战略相符的内部组织框架。为此，平衡计分卡结合来自实践的需要进一步发展，并把平衡计分卡与公司战略结合起来。

早期的平衡计分卡没有明确说明如何设计和使用，不利于平衡计分卡在企业中的实际应用，很多企业在设计平衡计分卡时陷入迷茫，这对平衡计分卡的适用性提出了很大的挑战。针对平衡计分卡难以操作的缺陷，卡普兰和诺顿进行了一次重大改进。这次改进的一个关注点就是因果关系。

早期关于平衡计分卡内部的因果联系的阐述是不足的，卡普兰和诺顿总结了多年来的工作经验，并于 1996 年出版了第一本著作《平衡计分卡——化战略为行动》，标志着平衡计分卡从绩效管理工具转变为战略实施工具。通过这次改进，平衡计分卡上升为战略性绩效管理体系，被作为战略执行的工具来使用。它强调企业应建立基于平衡计分卡的战略管理体系，帮助公司统一管理思想和战略方向。

在实践的推动下，卡普兰和诺顿提出了一种新的组织形式——战略中心型组织，并于2000年出版了第二本著作《战略中心型组织——如何利用平衡计分卡使企业在新的商业环境中保持繁荣》，进一步为平衡计分卡的发展提供了理论支持。

3. 用于战略描述

后续研究发现，目标应该通过因果关系相互连接。卡普兰和诺顿建立了“战略联系模型”来展示和阐述战略目标之间的联系，帮助企业识别需要进行考核的行为和结果。该模型要求根据战略目标来确定一系列指标体系中的关键指标，这导致平衡计分卡的设计流程发生了重大改变，对如何进行指标过滤和分类的问题提供了指导。

2004年，卡普兰和诺顿推出了关于平衡计分卡的第三本著作《战略地图——化无形资产为有型成果》，提供了一种将战略制定与战略执行联系起来的工具。战略地图的提出为描述战略提供了一种可视化的工具，帮助企业梳理与建立战略制定与实施之间的关系。

4. 实现战略实施流程化管理

在平衡计分卡的使用过程中，许多大公司仍然存在着总公司、分公司、职能部门等相互之间不能协调一致的问题。为此，卡普兰和诺顿经过进一步的研究，于2006年推出了第四本著作《组织协同——运用平衡计分卡创造企业合力》，为企业高层管理者提供了一套以战略地图和平衡计分卡为工具的战略管理框架。

描述战略的战略地图以及基于平衡计分卡的指标体系测量战略为企业使用平衡计分卡进行战略管理提供了方便。然而，如何才能将持续的战略管理融入组织的经营活动以保持这一业绩，仍然是高管团队面临的难题。经过不断的研究，卡普兰和诺顿于2008年推出了第五本著作《平衡计分卡战略实践》，描述了公司如何将战略与运营联系起来，确保日常工作支持战略目标的实现。

二、平衡计分卡的定义

平衡计分卡是从财务、顾客、内部流程、学习与成长四个角度关注企业绩效，并把公司的战略目标转化成具体的目标和评价指标，从而形成的一套完整的、全面的绩效管理体系。这一概念包含以下含义。

（一）平衡计分卡是战略导向的绩效管理

平衡计分卡是一种战略绩效管理工具，其通过对企业目标的建立、分解和评价，将员工的个人目标与部门、企业战略目标相结合，以激励员工改进绩效并最终实现组织战略目标。

（二）平衡计分卡是一种全方位的战略管理架构

平衡计分卡还是一种战略管理的工具，它帮助管理者把公司的远景与战略变成前后连贯的绩效指标，通过平衡计分卡将战略转化为组织、部门以及个人的具体行动。

（三）平衡计分卡是一种管理沟通工具

平衡计分卡通过设置清晰而有效的绩效指标，使个人与团队明确自身的目标与总体目标，避免三者之间的冲突，促进个人、团队与组织目标之间的协同。

三、平衡计分卡的指标结构

平衡计分卡的指标结构由包含四个维度的指标组成，即财务维度、顾客维度、内部流程维度、学习与成长维度。其中，财务维度指标是指从股东的视角衡量组织的绩效，如销售额、利润率、投资回报率等；顾客维度指标是指从客户的视角看待组织绩效，如客户满意度、产品满意度等指标；内部流程维度指标是指从组织的视角看待组织绩效，常见的流程性指标包括产品周转率、应收账款周转率等。学习与成长维度指标是指从可持续发展的角度看待绩效，如员工发展、技术改进、新产品销售比率等。平衡计分卡的指标结构如图 6－1 所示。

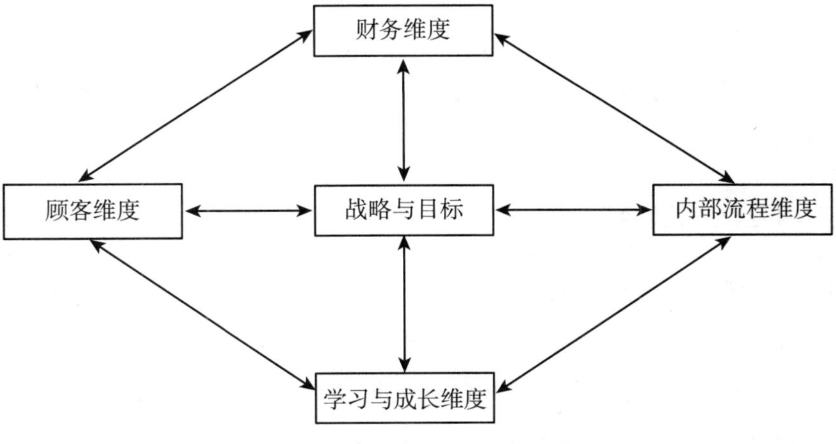

图 6－1　平衡计分卡的指标结构

（一）财务维度

财务维度是指为满足股东的需要，应该取得怎样的财务绩效，是从股东角度来看企业增长、利润率及战略，回答“怎样满足股东的需要”的问题。财务目标是各个层面计分卡指标所要达到的结果，是一切目标和指标的交集。财务维度指标的作用：一是界定战略希望达到的财务绩效；二是成为其他层面目标和指标的终极目标。企业经营的直接目的是为股东创造价值，尽管战略不同、阶段不同，但财务目标是最终的目标。财务维度指标反映实施战略之后对改善经营结构产生的贡献，常见的有销售收入、投资收益率、经济附加值等。

（二）顾客维度

顾客维度指的是要达成财务目标，企业必须满足顾客什么样的要求，是从顾客角度来看企业创造价值和差异化的战略，回答了“要达成财务目标，我们必须满足顾客什么样的要求”的问题。企业要想取得长期的经营绩效，就必须创造出受客户青睐的产品与服务，因此企业的活动必须以顾客价值为出发点，它是财务目标的来源，借此才能确认核心顾客及其价值。顾客维度指标包括市场占有率、客户保留度、客户满意度等。

（三）内部流程维度

内部流程维度是指要使股东和顾客满意，企业应该具备怎样的优势。股东以及顾客的价值是通过企业内部运作与管理达成的，要想使自己的产品与服务为顾客创造价值，必须具备竞争对手不具备的优势。它是成果的驱动因素，是用来区别自己与竞争者的工具。内部流程维度的常见指标有订单准时交货率、新产品上市的速度、新产品销售额在总销售额中所占的比例、产品和服务的质量、产品和服务的成本等。

（四）学习与成长维度

学习与成长维度是指企业应该如何保持变革和改进的能力，如何持续创造价值。以学习与成长作为企业发展的驱动力，通过内部流程优势满足顾客需要，开拓市场，最终实现企业的财务目标。企业要不断提高自身的能力，如员工发展、技术改进、新产品销售比率、流程再造等，以适应环境变化和激烈竞争的需要。另外，公司需要创造一种支持公司变化、革新和成长的气候，包括人、系统和组织程序等。学习与成长维度的常见指标主要有员工满意度、员工流动性、劳动生产率、信息覆盖率、信息系统反应时间、员工所提建议的数量、采纳建议的数量等。

平衡计分卡提出从上述四个维度的指标来衡量战略目标达成，使得评价指标之间形成了短期与长期、前导性与滞后性、财务与非财务指标之间的有机平衡，打破了过去只依靠财务指标衡量战略目标达成情况的管理模式。平衡计分卡认为，传统的财务性指标只能衡量过去发生的事情，属于落后的结果性指标，这种落后的指标无法前瞻性地评估组织战略达成情况，无法形成有效的预警，对战略执行过程中的指导意义也是有限的。在信息化时代，组织必须更加注重那些对战略达成有关键性意义的领先的驱动因素，通过在客户、内部运营以及影响可持续发展的技术和革新等方面的不断改善，使组织在战略达成过程中保持一种平衡的状态。应用平衡计分卡考核人力资源部的指标示例如表6－1所示。

表6－1　　平衡计分卡指标示例

维度	序号	指标	衡量/定义	评价周期
财务指标（40%）	1	人力成本控制目标达成率	实际达成结果/预算控制目标×100%	季/年
	2	人均部门管理费用节约率	本期人均部门费用额/上期人均部门费用额×100%	季/年
	3	人力成本投入产出比提高率	本期人力成本投入产出比/上期人力成本投入产出比×100%	年
CS/客户指标（20%）	1	内部员工满意度提升率	（本期员工满意度%－上期员工满意度）×100%	月/年
	2	接口部门经理满意度	其他部门经理对人力资源部服务结果的满意度	年
	3	公司满意度评价	公司CSI及SSI评分	月/年
内部业务流程（20%）	1	招聘及时性	人员招聘到岗时长（实际到岗位天数－申请到岗位时长）	月
	2	招聘合格率	通过试用期人数占部门需求人数比例	月
	3	劳动合同管理符合率	集团总部批评或政府检查违规事件次数	月/年
	4	关键员工流失率	离职关键员工人数/关键员工总数×100%	季/年

续表

维度	序号	指标	衡量/定义	评价周期
学习与成长（20%）	1	培训计划完成率	年度培训实际完成情况/计划完成量×100%	月/年
	2	年度培训项目满意度	参加培训满意人数/年度参训人数×100%	年
	3	员工创新建议案件	人均有效创新建议数量	月

四、平衡计分卡的特点

（一）平衡性

平衡计分卡的核心思想主要体现在指标之间的“平衡关系”上，它反映了企业财务指标和非财务指标的平衡、长期目标和短期目标的平衡、外部群体和内部群体的平衡、结果和驱动力的平衡、先行指标（客户、内部流程、学习与成长）和滞后指标（财务指标）的平衡等。要求既从财务指标又从非财务指标的角度去思考公司战略目标及考核指标。

1. 财务指标和非财务指标的“平衡”

强调指标的确定必须包含财务性和非财务性。财务目标是任何企业在任何时候都会追求的目标。如果只是以短期的绩效来评价企业、部门和个人的绩效，势必会把企业引入这样的歧途，即大量压缩培训费用、减少新产品的开发、降低产品质量、降低服务标准等，并且把压缩节省的费用作为短期利润，企业所取得的这些短期绩效，对企业的发展来说都是致命的。

2. 短期目标和长期目标的平衡

要求既关注短期目标和绩效目标，也关注长期战略目标和绩效目标。例如，忽视对员工的知识和技能的培训，可能的结果是产品的百万不合格率增高，产品质量下降造成成本居高不下，导致客户满意度和忠诚度降低，最终会失去客户、失去市场。

3. 结果和驱动力的平衡

强调对非财务指标的管理，其深层原因是财务指标是结果性指标（result indicator），而非财务指标是决定结果性指标的驱动指标（drive indicator）。

4. 外部群体和内部群体的平衡

平衡计分卡将评价的视线范围由传统上的只注重企业内部评价，扩大到企业外部，包括股东、顾客，同时以全新的眼光重新认识企业内部，将以往只看内部结果，扩展到既看结果，同时还注重企业内部流程以及企业的学习和成长这种无形资产。

5. 先行指标和滞后指标的平衡

平衡计分卡提供了一个从上而下的时间思考维度，既关注那些反映过去绩效的滞后性指标，也关注能反映、预测未来绩效的先行指标。企业应当清楚自身所追求的成果和达到目标所需要做的工作。

6. 客观评价和主观评价的平衡

利润、投资收益都是客观性指标，是能够计算出来的；而另一些指标，如客户满意度、员工满意度等是主观性指标。

（二）战略导向性

平衡计分卡是一种全方位的战略管理架构，它帮助管理者把公司的远景与战略变成前后连贯的绩效指标。平衡计分卡是一个有效的战略管理制定与实施体系，通过平衡计分卡可以将组织战略转化为组织、部门以及个人的具体行动。

五、平衡计分卡的功能

平衡计分卡之所以被看作一次管理思想与管理方法的飞跃，体现在它具有以下几个方面的功能。

（一）一个战略管理工具

平衡计分卡具有战略管理的功能，借助它不仅可以进行有效的战略思考和资源的优化配置，而且可以把企业的战略或使命转化成具体的目标和评估指标。战略决策始于组织使命、愿景、核心价值观以及组织的目标，通过内外环境分析进行战略决策并确定可行的公司战略，平衡计分卡可以解决如何把战略落地并转化为全体员工日常行动的问题。最后，实施战略监控，即通过绩效评价进行反馈，对组织战略决策及其实施过程进行总结分析。

（二）一个绩效管理工具

平衡计分卡可以提高企业整体管理效率，它所涉及的四项内容都是企业未来发展成功的关键要素，通过平衡计分卡所提供的管理报告，将看似不相关的要素有机地结合在一起，可以大幅节约管理者的时间，提高企业整体的管理效率，为企业未来发展打下坚实的基础。

（三）一个管理激励工具

平衡计分卡可以实现有效的激励，扩大员工的参与意识。平衡计分卡强调目标管理，鼓励下属创造性地实现目标，当把报酬与平衡计分卡相连接的时候，不仅强化了企业所期望的行为和结果，而且实践了企业对员工报酬的承诺。

（四）一套系统的管理控制体系

平衡计分卡不仅把企业财务指标和非财务指标联系起来，而且把短期目标和长期目标、组织目标和个人目标有效地联系在一起。

第二节 平衡计分卡的开发与实施

一、明确组织战略

通过基础调研，明确企业战略。决策层首先应该对组织的使命、价值观与愿景进行回顾和完善，并在组织内部进一步明确，在此基础上确定组织战略及其目标。

组织使命回答了组织存在的最终目的，以及企业存在的理由与存在的价值；愿景则清晰地表达了组织未来的发展方向，即组织未来的样子；价值观规范了组织成员的行为准则和价值取向，是为了实现使命与愿景而提炼出来并予以倡导的，指导企业中成员共同的行为准则；使命和核心价值观指引愿景和战略的形成。

在此基础上，确定竞争战略与目标。竞争战略阐释企业在所选择的业务市场上如何与竞争者竞争。

组织战略很重要，然而组织内部就战略的认同也很重要。公司的高层管理者、各部门以及全体员工必须对战略达成共识，确保不同层级、不同部门以及个人对组织战略的认识是一致和协同的。

二、绘制战略地图

战略地图是指在明确企业的战略与战略目标后，将企业战略所包含的一连串假设转化为一系列具体的因果关系链，即战略梳理，是从四个维度把战略目标转化成策略目标；通过高层访谈和内部研讨会使收集到的战略信息在四个角度内充分显现。战略地图绘制的思路就是采用层层剖析的方法，将企业的战略目标从上到下，依次按照财务、客户、内部运营、学习和成长四个维度的逻辑关系进行层层分解。战略地图的制定通常是在组织内部自上而下进行的，即以组织的战略目标为出发点，描绘出达成战略目标的战略路径。战略地图一般示意如图 6－2 所示。

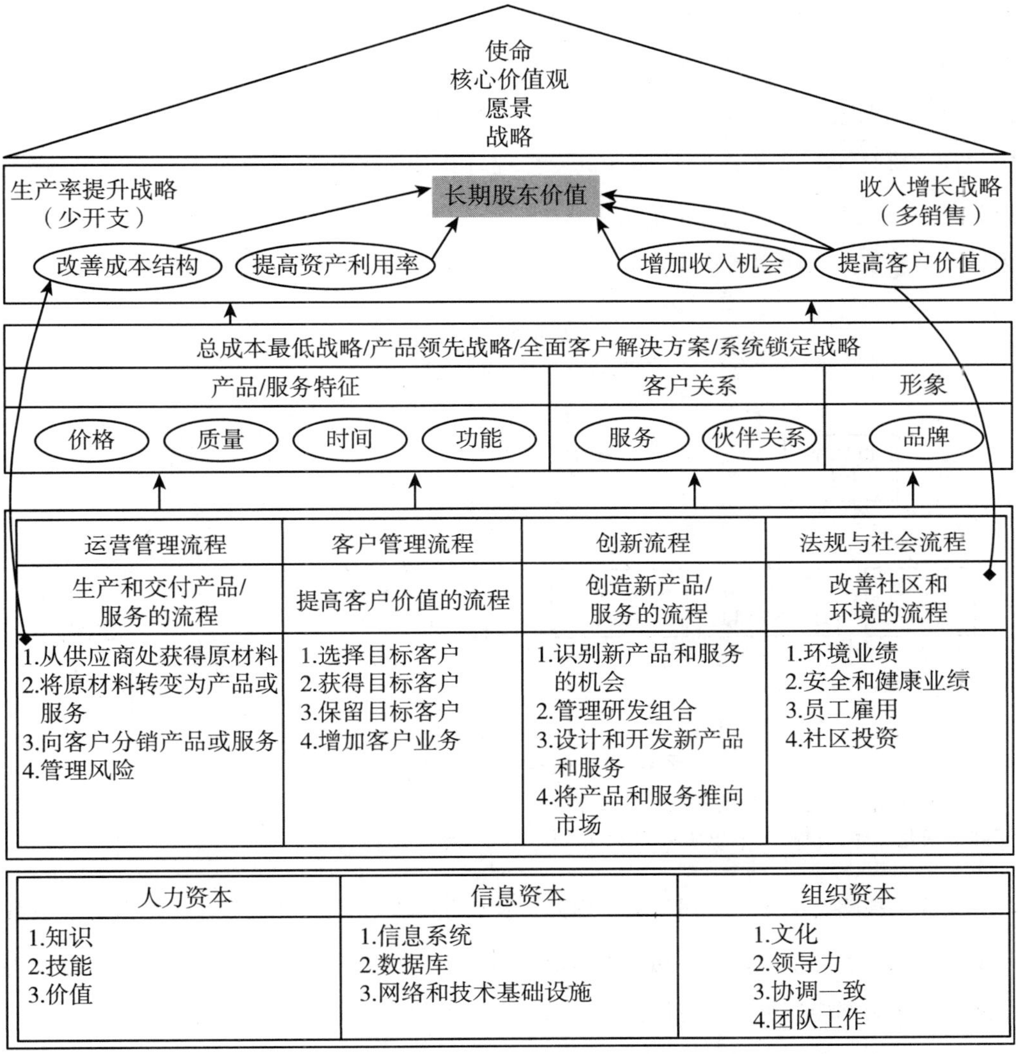

图 6－2　战略地图示意

战略地图描述了一个组织战略的逻辑性，清晰地展示了创造价值的关键内部流程和支持关键流程所需的无形资产是如何与财务以及客户层面的战略重点及目标有机地结合在一起的。平衡计分卡将战略地图上的战略重点或主题转化为具体的目标以及对应的衡量指标和方式，同时通过对平衡计分卡目标的明确，对应建立支持战略达成的行动方案及举措，从而真正实现战略落地，有效地指导组织战略的执行。

战略地图的具体作用包括：（1）解决了如何“描述”战略的问题，是描述战略的工具，决定了如何“衡量”战略；（2）把一个企业平衡计分卡上不同的衡量目标纳入一条因果关系链内，从而使企业希望达到的结果与这些结果的驱动因素联系起来；（3）是对企业战略目标之间因果关系的可视化表示方法；（4）将平衡计分卡四个层面的目标集合在一起，描述公司战略及达成战略目标的路径。

以美国西南航空公司为例，该公司有三个战略假设：（1）跳过旅行代理商和在线销售商，降低出票成本；（2）使飞机发挥杠杆作用，实现比竞争对手更有效的运营；（3）建立一支精干、高效灵活的员工队伍，如实行员工持股计划、参与决策等。公司认为，如果实现了这些主张，就有可能在竞争中取胜。这三个战略假设如图 6－3 所示。

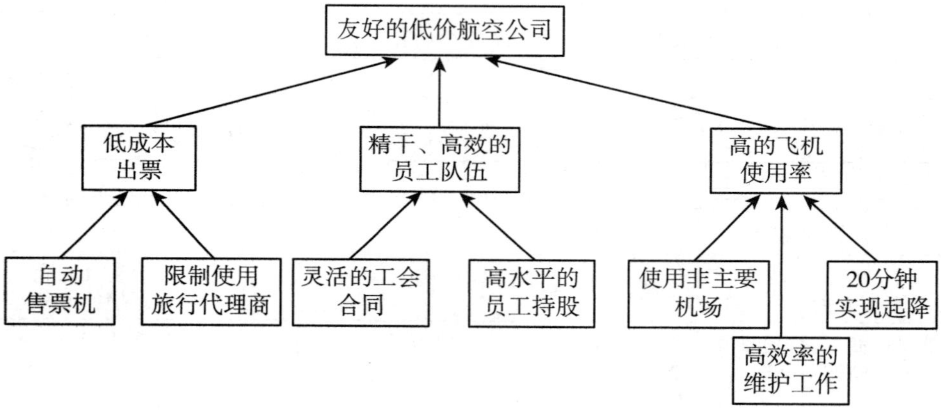

图 6－3　航空公司的战略假设

资料来源：［美］詹姆斯·W. 史密斯、缪曼儿·伦敦，《绩效管理：从研究到实践》，汪群、张龙等译，机械工业出版社 2011 年版，第 23 页。

在这一战略指引下，公司没有枢纽站，经营航线是短途的、点到点的服务，飞机从一个城市飞到另一个城市，不与其他航班联运，飞行计划在全行业是最简单的，这使得西南航空每天都能让更多的飞机投入运营。由于不与其他航班相连，飞机的停飞时间较少，每架飞机每天飞行时间达 11 小时，而行业的平均水平是每天飞行 8 小时，明显提高了飞机使用率。

如图 6－3 所示的战略假设进一步发展为如图 6－4 所示的战略地图，展示了战略结果与驱动因素之间的关系。

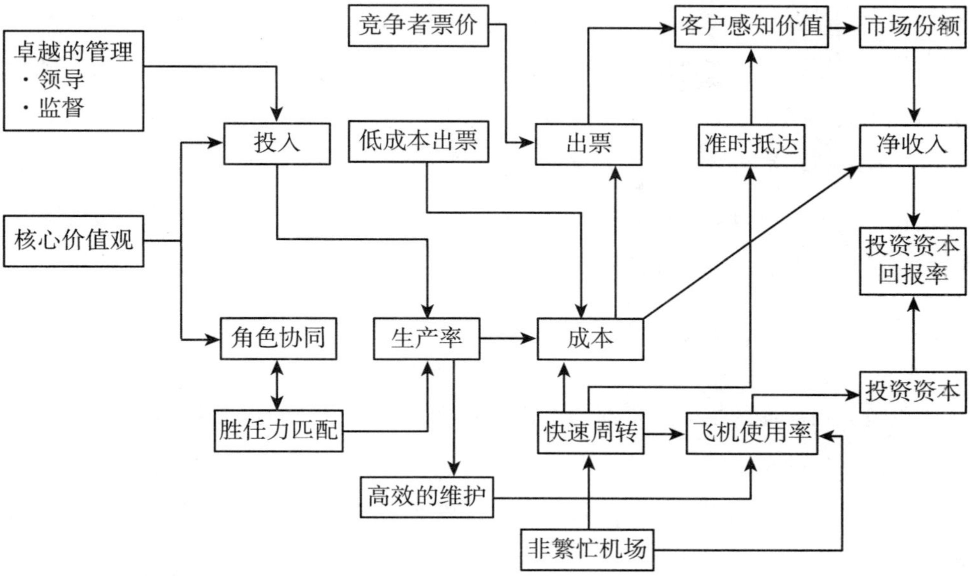

图 6－4 航空公司的战略地图示意

资料来源：［美］詹姆斯·W. 史密斯、缪曼儿·伦敦，《绩效管理：从研究到实践》，汪群、张龙等译，机械工业出版社 2011 年版，第 23 页。

三、绘制公司层面平衡计分卡并进行分解

针对企业战略地图，为企业设计平衡计分卡指标体系。战略地图把公司的战略变成了四个维度的策略，这些策略必须转化成具体的指标。因此，必须首先把策略目标转化为公司层面的指标；在此基础上，逐层分解到下级单位，直至个人。通过平衡计分卡的层层分解，将企业战略与行动传递到各部门和各级层。在分解过程中，需要保证纵向的一致性和横向的协同性。

（一）部门平衡计分卡

首先要明确部门使命。部门使命是各部门对公司战略的支撑，着重描述部门的价值、意义、定位与作用，必须紧密围绕公司的目标。

例如，销售部的使命可以定义为“提高销售量，扩大市场份额，提高结构品种销量，确保利润”，因而销售部的考核指标是：销售量、应收账款、库存量、结构品种销量等。销售量指标反映销售的增长或下降，应收账款指标反映销售增长是否在财务控制范围内，库存量指标反映库存是否合理，结构品种销量指标反映销量是否符合公司利润要求。

目标矩阵分析法常被用来进行部门战略主题的识别与分解，即沿着企业价值链，对

市场营销、产品开发、生产运营、采购供应等进行识别与分解；以职能部门为矩阵的横坐标，以组织层面目标与措施为纵坐标，寻找与各个策略目标相关的部门；然后确认强相关与弱相关部门；最后将强相关部门在目标矩阵中标出来。

除了核心价值链以外，还有人力资源、互联网技术（IT）、财务、法律、行政后勤、企业文化等辅助价值链。从核心价值链和辅助价值链对战略主题进行相关性识别并分解到各部门，从各部门中寻找能够驱动战略主题与目标的因素。

（二）个人平衡计分卡

无论是公司层面的指标还是部门层面的指标，都是由公司内部具体的岗位来承担，因此，具体岗位的指标要素设计是构建平衡计分卡战略绩效体系的关键，岗位指标的设计必须根据组织层级和职位序列，同时与公司战略、部门职责、岗位职责和业务流程充分相结合。

四、梳理基于平衡计分卡的战略管理流程

在确定了各层级的指标之后，还需要为企业建立平衡计分卡的实施方案与制度，以确保战略目标的实现。方案主要包括目的、指标、目标值、行动方案几个要素，且它们之间存在逻辑关系。

（一）目的

目的，即在每一个层面里，目的是什么？分为长期目标、中期目标、短期目标，或者组织目标、部门目标、个人目标，或者共享目标、分享目标、特有目标。

（二）指标

指标，即衡量这个目的的指标是什么，目标一定要可衡量。例如，在财务层面要实现的一个目标是“增加销售收入”，那么“销售收入增长率”就是一个可选的指标。

（三）目标值

目标值，即这项指标应该达到的一个度，比如说“每年的销售收入增长率是10%”，这是目标值。目标值要有一定的挑战性，员工可以在经过一定的努力之后达到，但是目标也不可以过高、不切实际，以免给员工造成过大压力，使之产生焦虑而带来不必要的人员流失。

五、行动方案

行动方案，即为了完成某一项指标的特定目标值所应该采取的行动。行动方案有时间限制，要兼顾目标、指标、目标值的要求，要能够有效支撑战略目标并使之得到有效实行。基于平衡计分卡的绩效管理方案设计示例如表 6 – 2 所示。

表 6 – 2　　　基于平衡计分卡的绩效管理方案示例

角度	战略目标	考核指标	目标值	行动方案
财务	提高股东回报	净利润		
	快速增长	销售增长率		
		销售收入		
		产品销量		
客户	塑造品牌形象	品牌认知度		
	提高客户满意度	客户满意度		
内部流程	提高订单处理效率	订单传递速度		
	加大铺市力度	重点市场铺市率		
	发展代理商	经销商人均培训时数		
学习与成长	引进关键岗位员工	数量		
	建立客户信息管理系统	系统计划完成率		

第三节　平衡计分卡的优点与不足

一、平衡计分卡的优点

（一）克服财务评估方法的短期行为

平衡计分卡改变了以前绩效考核仅从财务指标入手的做法，改为从财务角度、顾客角度、内部流程角度、学习与成长角度衡量企业绩效，把短期目标与长期目标结合起来，既考虑了短期目标也考虑了长期目标。

（二）使整个组织行动一致，服务于战略目标

过去的绩效考核缺乏战略指引，平衡计分卡则强调以企业战略为中心，通过绘制战

略地图描述战略，在此基础上分解四个维度的指标。

（三）能有效地将组织的战略转化为组织各层的绩效指标和行动

平衡计分卡在企业总体战略目标的指引下，将之分解为不同层级的目标，使各层级目标之间统一在战略目标上。

（四）强调指标之间的驱动关系

由于平衡计分卡的四个维度之间强调指标之间的因果关系，指标相互驱动，形成目标—手段之间的关系，使平衡计分卡体系由此成为一个有机整体，并确保战略目标的实现。

二、平衡计分卡的不足

（一）实施难度大

平衡计分卡的实施要求企业有明确的组织战略，高层管理者具备分解和沟通战略的能力和意愿，中高层管理者具有指标创新的能力和意愿；另外，大量的精力花在分解战略目标上，具体到部门和个人，工作量极大。

（二）指标体系的建立较困难

平衡计分卡对传统业绩评价体系的突破在于，它引进了非财务指标，克服了单一依靠财务指标评价的局限性。然而，由于指标之间强调因果关系，因而开发指标体系比较困难。

思考题

1. 平衡计分卡与传统的绩效管理工具相比有哪些优越性?
2. 为什么说平衡计分卡是战略管理工具?

案例分析

红仁食品公司的战略落地问题

红仁食品公司是一家跨国合资食品企业，在中国生产和销售国际品牌食品。它将高质量的产品卖给高档次的客户，在过去四年取得突出增长，第四年开始盈利。然而，红仁食品公司面临着越来越激烈的竞争压力，竞争对手既有跨国企业也有本土的公司，这些企业可以生产出与红仁食品公司质量相近的产品，价格却优惠得多。红仁食品公司认为制定战略非常重要，而且保持核心产品的成功销售是关键，但只有降低价格才能有竞争力，其决策者认为，只有降低运营成本才能保证利润空间。

降低价格不能使红仁食品公司长期成功，长期成功的关键在于开发出本地竞争对手不能提供的产品。因此，红仁食品公司打算通过本地研发或引进海外技术来实现产品创新，然而新产品进入市场的速度没有他们期望的那样快。

在红仁食品公司提出这些设想之后的 6 个月，没有看到任何的积极效果。一个非常重要的新产品开发又延期了，运营成本与去年同期相比还有所增加。这时，红仁食品公司想到了平衡计分卡。

资料来源：［美］毕意文、孙永玲，《平衡计分卡中国战略实践》，机械工业出版社 2006 年版。

问题

1. 总结红仁食品公司的竞争战略。
2. 红仁食品公司没能实现其目标的原因是什么？
3. 平衡计分卡可以帮助红仁食品公司解决问题吗？

苹果公司的平衡计分卡运用

苹果公司的绩效考核指导委员会利用平衡计分卡，从四个方面进行了指标设计，分别是：在财务方面，苹果公司强调股东价值；在顾客方面，强调市场份额和顾客满意度；在内部流程方面，强调核心能力；在创新和提高方面，强调雇员态度。苹果公司主要设计了以下五个绩效指标。

第一，顾客满意度。苹果公司曾是以技术和产品为重心的公司，靠设计出更好的产品进行竞争，设置顾客满意度指标的目的是使员工适应公司向顾客推动型的转变。

第二，核心能力。公司经理人员希望员工高度集中于少数几项关键能力上，如用户友好界面、强劲的软件构造，以及有效的销售系统。不过，高级经理们认识到，以这些能力为尺度测评绩效比较困难。

第三，员工的投入和协调程度。苹果公司每两年在公司的每个组织中进行一次全面的员工调查，随机抽取员工进行调查则更为频繁。调查的问题包括员工对公司战略的理解程度，以及是否要求员工能创造出与该战略一致的结果。调查结果说明了员工反应的实际水平及其总体趋势。

第四，市场份额。达到最大能力的市场份额，对高级管理层十分重要。这不仅是因为显而易见的销售额增长收益，也是为了使苹果的平台能牢牢吸引和保住软件开发商。

第五，股东价值。股东价值也被视为一个业绩指标，虽然这一指标是业绩的结果，而不是驱动者。把这一指标包括在内，是为了消除以前对毛利和销售增长率的偏好，因为这两个指标忽视了为了未来取得增长今天必须进行的投资。股东价值指标量化了为促进业务增长而进行的投资可能产生的负面影响。

这五个绩效指标对帮助苹果公司的高级经理将精力集中于自己的战略起了很大作用。首先，苹果公司的平衡计分法主要是作为一种规划手段，而不是控制手段。换句话说，苹果公司用这些指标调整公司业绩的“长波”，而不是推动经营的变革。而且，除了股东价值以外，苹果公司的测评指标都可以在横向和纵向两个方向深入到每一个职能部门。从纵向考虑，每一个测评指标都可细分为若干个组织部分，可以评价每一部分对整体的运行起了什么作用；从横向考虑，测评指标可以识别设计和制造对顾客满意度等起了什么作用。

资料来源：《苹果电脑公司的 BSC 方案》，HR 案例网，2016 年 11 月 19 日。有删改。

问题

1. 苹果公司的四维度指标设计有什么特点？
2. 如何看待该公司的绩效指标？

第七章

目标与关键成果法

【学习目标】

1. 了解目标与关键成果法及其特点。
2. 掌握实施目标与关键成果法的流程。

第一节　目标与关键成果法简介

一、目标与关键成果法的含义

（一）定义

目标与关键成果法（objectives and key results，OKR）是一套定义、跟踪目标及其完成情况的管理工具和方法，也是确保将整个组织的力量都聚焦于完成对所有人都同样重要的事项的一套管理方法。

所谓目标（objectives），是对驱动组织朝期望方向前进的定性追求的一种简洁描述。它主要回答的问题是："我们想做什么?"与传统目标的理解不同，这个目标是简洁的（寥寥数语）、定性的（没有数字）、有时限要求的（自信本能完成）以及鼓舞人心的那些工作。

关键成果（key results）是一种定量描述，用于衡量目标的达成情况。如果目标要回答的是"我们想做什么"这个问题的话，那么关键成果要回答的则是"我们如何知道自己是否达成了目标的要求"。

因此，目标用来明确方向，关键成果用来量化目标，使团队和每个人聚焦在一个有挑战性的目标上。

（二）如何理解 OKR

1. OKR 为员工指明了努力的方向

OKR 能使企业与员工看到目前最主要的目标，了解对企业发展真正重要的是什么，有助于企业中每个成员清楚地知道企业未来的发展方向，以及每个人可以为企业的发展贡献怎样的力量，最终使企业上下目标一致，这是 OKR 系统的核心价值。

2. OKR 是一种沟通工具

实施 OKR，要求团队以及每个人都要有自己的 OKR，所有员工的 OKR 都会放在一个文档里。任何员工都可以看到每个人在这个季度最重要的目标是什么，团队这个季度的目标是什么。因此，OKR 系统使企业自上而下的目标透明化，帮助纠正和减少公司及个人的目标偏差，每一层的员工都可以进行自身目标偏差的更正，使得企业的目标更具一致性；能让每个人对目标的理解都是一致的，从而加强团队的凝聚力和企业的核心竞争力。

3. OKR 是一种目标管理体系

企业通过 OKR 系统对整体目标和关键成果进行全面整合，以达到一定周期内为企业和团队设定的战略目标。OKR 并不与报酬挂钩，不是一种独立的考评制度，而是一种管理方法。

二、OKR 的起源

OKR 作为一种重要的目标管理方式，最初由英特尔公司提出，后在谷歌公司成功实施并不断创新。目前，已有一大批公司将该方法用于绩效管理中。

1954 年德鲁克在其名著《管理的实践》一书中，提出“目标管理和自我控制”这一管理原则，这成为安迪·格鲁夫管理理念的基础，也是现在所说的 OKR 的起源，但它与目标管理法有很大不同，更强调目标和关键成果的结合。

20 世纪 70 年代，时任英特尔执行副总裁的格鲁夫将 OKR 系统在公司内部全面铺开，企业里所有知识型员工都制定了基于月度的个人目标和关键成果。1979 年底，面临来自日本公司的激烈竞争，英特尔公司陷入困境中。在这种情况下，公司被迫致力于快速的变革与创新，以提高快速应对变化的能力。然而，科技企业的创新在很大程度上依赖于研发人员的发散性创新，这种创新的挑战是难以形成对目标的聚焦和执行的效率。格鲁夫将 OKR 系统在公司内部全面铺开，用以解决目标聚焦与执行效率问题，使得英特尔公司的业务上了一个新的台阶。

OKR 是确保将整个组织的力量都聚焦于完成对所有人同样重要事项的一套管理方法。OKR 通过识别目标和关键结果，把精力聚焦在最重要的事情上，提升了敏捷性和快速应对变化的能力，从而在当今竞争日益激烈的商业环境中保持成功。通过以季度为周期运行 OKR，建立一套可以不断自我增强的组织机制，能很好地应对突发变化和颠覆式创新。格鲁夫应用 OKR 的宗旨是促进“聚焦”少量经过仔细斟选的目标，同时快速响应外部变化，以更频繁的节奏去设定 OKR，并兼顾自上而下和自下而上两种目标设定方式。在格鲁夫的领导下，OKR 使英特尔公司更为聚焦战略，全体员工共同致力于实现同一个宏伟目标，最终取得极大成功。

1999 年曾就职于英特尔公司的约翰·杜尔把 OKR 引入谷歌公司。在谷歌成功实施后，OKR 逐渐得到越来越多 IT 公司的认同。目前，除谷歌、英特尔、甲骨文、领英公司外，国内外许多公司也都开始使用 OKR 的管理模式。

另外，OKR 出现的背景是更多知识密集型企业和知识工作者的出现。知识经济时代，如何定义和量化知识工作者的产出以及如何测量其产出越来越成为一大挑战。对于知识型员工的管理，传统的 KPI 技术开始显现出一些弊端，表现为每个人只关心自己的 KPI 指标，但没有人对最终结果负责。指标是自上而下的过程，员工被动接受指标层层分解的结果，从而使个人的主观能动性被压抑，导致高度依赖制度和管理者的指令。正是由于传统方法难以适应企业面临的新挑战，推动了 OKR 的诞生与广泛运用。

第二节 目标与关键成果法的特点与优越性

一、OKR 的特点

（一）OKR 使组织与个人专注于想要实现的目标

OKR 专注于企业想要实现的目标，且能让企业和每个成员随时都有清晰的目标，让每个岗位与员工都有明确的工作重心。通过各个层级、每个成员公开其 OKR，使企业与员工看到目前企业最主要的目标，了解对企业发展真正重要的工作，既能分工明确，又能够促进各团队间的相互协作。

（二）OKR 促进了员工参与与自我管理

个体在 OKR 的选择上更具话语权，目标设定是自下而上和自上而下地融合。OKR

强调要有一定比例的目标是员工自下而上制定的，强调要快速应对业务变化、设定目标周期，强调目标要全员公开等。

（三）公开透明的目标与关键成果获得员工的认同

OKR 在组织内全透明，所有成员都可以随时了解其他成员的目标和关键成果，这不仅能够自然产生群体监督作用，促进团队间的相互协作和目标一致性，而且使得绩效评价的结果更容易获得员工的认同。

（四）OKR 不以考核为目的，员工更加聚焦重要领域

OKR 的主要目的不是作为考核团队或者员工的工具，而是一种管理方法，它相信并依靠员工的自主性和创造性去完成任务。尽管 OKR 中的目标是方向性的，不要求量化，但是关键成果必须是可量化的，它为考核员工提供了依据，并保证了考核过程的公平性。

二、OKR 的优越性

（一）每位员工明晰自己的行为目标与逻辑

OKR 最重要的作用就是帮助员工关注重点，并鼓励个人为团队以及组织目标的实现贡献个人价值。由于每一位员工清晰地了解公司与团队的发展目标，并在这个过程中明确自己的位置，知道为什么做以及怎样做，从而能够始终保持个人行动与总体目标的一致性。

（二）让员工从“要我做的事”变为“我要做的事”

关键成果必须服从 OKR 致力于如何更有效率地完成一个有野心的项目。OKR 中 60% 的目标来自员工层面，是员工为自己设立目标与关键成果的参与过程。OKR 避免了传统考核指标来自上级指标层层分解的逻辑，从过去“被动做”转变为“想要做”，每个团队以及每一位员工都尽力为达成团队与个人目标表现出最佳的关键结果。

（三）避免了指标与目标的背离

员工、团队、公司可以在执行过程中更改关键成果，以确保关键成果始终服务于目标，从而有效避免了执行过程与目标愿景的背离，也解决了 KPI 目标无法制定和测量的问题。

三、OKR 与 KPI 的不同之处

（一）目标设定的方式不同

传统上，公司用 KPI“解码”公司战略，更多的是一个自上而下的过程（虽然过程中也会强调自上而下、自下而上的双向沟通），KPI 体系的设定方式主要由公司高层设定，通过层层分解来落实，因此目标设定是一个自上而下的模式；而 OKR 的目标设定方式是由公司、部门、员工分别与上级协商制定，相比之下属于自下而上的模式。KPI 自上而下的分解过程，导致员工被动接受指标层层分解的结果，从而使个人的主观能动性被压抑，导致高度依赖制度和管理者的指令。而实施 OKR，60% 的目标最初来源于基层，这不同于传统 KPI 操作方式。OKR 致力于如何更有效率地完成一个有野心的项目，每一支团队以及每一位员工都将努力达成自己的期望表现。

（二）对于目标的要求不同

KPI 设计强调目标及其指标的关键性，提炼于企业关键成功因素，且目标必须是可量化的。而 OKR 并不强调目标的定量化，定量的是关键成果，这就避免了有些事情值得去做，但因无法测量而无法制定量化目标。

（三）目的不同

OKR 本质上不是考核工具，而是为了专注于重要的事情与快速反应。OKR 的终极目标是希望在当今竞争日益激烈的商业环境中，通过识别目标和关键成果以及频繁沟通，让行动更加敏捷以适应环境需要，从而提升企业的应变能力。OKR 不是绩效评估工具，不与薪酬和晋升直接挂钩。因此，在实施 OKR 的过程中，分数不是最重要的，它只是起到直接的引导作用。一般来说，OKR 分数为 0.6 ~ 0.7 分较合适。一位员工如果得了满分 1 分也并不意味着成功，反而说明目标不具有挑战性；而得到 0.4 分以下也不意味着失败，但需要考虑项目标是不是应该继续进行，明确该做什么及不该做什么。

KPI 是一种绩效管理体系，主要关注的是如何衡量组织、部门以及员工的绩效。在确保组织绩效完成的同时，也为价值分配与员工激励提供了依据。由于大部分指标与绩效奖金挂钩，KPI 体系会使考核者盲目追求完成指标，从而忽略了过程的重要性，陷入一种机械而单一的考核方式。考核者严重依赖 KPI，忽略了真正使企业运作的员工的感

受，以及他们的主观能动性。

（四）公开度与透明度不同

KPI 体系中尽管形成了不同层级的考核指标，但是指标并不具有透明度，这与 KPI 本身的特点有关，因为不同部门、岗位的关键绩效指标大相径庭，结果导致每个人只关心自己的 KPI 指标，却没有人对最终结果负责。在 OKR 体系中，每个人的 OKR 在全公司都是公开透明的，每一位员工清晰地了解公司的发展目标，并在这个过程中明确自己的位置。

（五）对于管理过程的重视度不同

KPI 仅以结果为导向，导致执行过程中指标测量与目标愿景相背离。OKR 将目标管理与过程管理相结合，强调关键成果必须服从目标。在关注目标本身达成的同时，也关注关键成果实现的过程。因此，在 OKR 体系中，员工、团队、公司可以在执行过程中调整关键成果，以确保其始终服务于目标，从而有效避免了执行过程与目标愿景的背离。

思考题

1. 什么是 OKR?
2. OKR 有哪些特点?
3. OKR 与 KPI 有什么不同?

案例分析

谷歌公司的 OKR 管理法

谷歌公司创立初期就实施了一套独特而有效的管理制度——目标与关键成果法（OKR）。它是由员工参与制定自己的目标与关键结果，每季度末所有员工的考核评分对内公开，因而被看作一种绩效管理的手段，也成为各部门任务协作的一种手段。

一、设定公司目标与目标体系

谷歌的目标设定需要公司所有员工参与，彼此之间要相互支持、相互配合。目标有年度 OKR，也有季度 OKR。季度 OKR 一旦确定就不会轻易改变，年度 OKR 统领全年，但并非固定不变，可以在财经年度过程中进行调整。

（1）全员参与设定自己的目标。公司、部门、管理者和员工均从战略开始设定自己的年度目标和季度目标。（2）一个自上而下的过程。目标的设立顺序是从总部、公司高层、团队到个人。员工可以通过先查阅上层的目标，在自己想做的事情范围内找到能对公司目标有利的部分，并和自己的上级进行讨论，做权衡取舍后确定目标。（3）目标达成共识。目标必须是在管理者与员工直接充分沟通后的共识，没有达成共识的目标不能算作目标，目标的设定以达成共识为终点。（4）双向沟通。在设定 OKR 的时候，员工跟经理之间是一个双向沟通的过程，经理不能命令员工，员工也可以提建议。（5）要设定有挑战性的目标。OKR 的精髓就是鼓励员工突破自己的能力，制定经过一定的努力才能实现的目标，这才是合格的目标。（6）每季度一般设定三个左右的目标，每个目标下面设定不超过四个关键成果的指标。而且每个关键成果必须是量化的、可以衡量的。

二、实施目标体系

实际的运作流程是，在每个季度开始的时候，公司首席执行官（CEO）先设好公司 OKR，放到自己的资料库里面，并使公司的每个人都能看到。然后，公司总裁、部门经理、公司员工自上而下地设定自己的 OKR。具体运作流程如下：

每年 11 月，集思广益下一年第一季度的目标，然后在系统内部分享、沟通；

每年 12 月，在公司层面沟通下一年及第一季度的目标，员工结合组织目标，起草个人目标；

下一年 1 月初，在公司、团队不同层级会议上，汇报团队和个人目标；

下一年 1～3 月，目标监控；

下一年 3 月底，为目标打分并且沟通，同时重复上述过程设定第二季度目标。

三、实施 OKR 打分

打分包括两部分：一是自我评价打分；二是他人评价打分。

通过自我评估，员工可以反思自己的绩效表现，认识自己的优点和不足。每位员工根据每个季度初确定的本季度的 OKR，在季度结束后根据自己这个季度的工作完成情况给自己的 OKR 打分。同时，员工都要接受来自团队其他成员的评估。团队成员要对团队内部其他同事进行评估，同事评估通常有几个人参与，评价的客观性比较强。

一般来说，1 分为满分，比较合理的分数为 0.6～0.7 分。0.4 分以下说明不及格还需要努力。如果目标得了满分，反而说明目标定得太容易。配合每个季度的目标回顾，每个季度末，公司会将每一个项目向所有员工公示，贴上每个人的名字、照片。在这种高强度的“曝光”机制下，谷歌的员工必然十分投入。然而，季度 OKR 的得分不与员工的奖金挂钩。

四、OKR 与谷歌员工考核的关系

谷歌以季度为单位，进行一轮全公司的目标回顾与设定，与大部分公司实施的年度目标回顾相比较，这是一个更敏捷的目标管理流程。然而，谷歌的 OKR 管理只是其绩效管理中的一部分，其绩效管理体系还包括了以下内容。

（一）员工每周进行工作总结

在 OKR 流程下，谷歌的员工有另外一个工作习惯：snippet，相当于一个周工作总结。每周末，每位员工都会以邮件的形式明确三个方面内容：（1）本周工作回顾；（2）下周计划；（3）支持需求。工作回顾或者计划都会简单地把该周的工作事项、目标、计划及成果罗列出来，之后将 snippet 发送给固定的几个人，作为工作过程沟通。

（二）半年考评

谷歌每年都会做两次正式的半年考评，也是由自评和他评两部分构成。

自评要求填写个人自上次考评之后的主要成就与贡献、个人的强项及有待提升的方面；他评要求选出（往往由上级指派）3～8 个与自己相熟的人，内容与自评类似，只是要求同事对被评估人进行相对排序，以方便奖金发放。考评之后会有相应的薪资、奖金调整机制。决定奖金额度的，在于项目的重要程度：奖金不是根据工作量分配，而是依赖于项目的重要程度。

由此可见，谷歌实际采取的绩效管理是：“每周总结＋季度 OKR＋半年考核”的绩效管理模式。

谷歌公司实施的 OKR 管理法通过员工自我设定目标到公开透明的 OKR 体系，不仅促进了员工的创新精神与自我挑战，也实现了评价结果更加客观与公正。OKR 极大地激发了员工的挑战精神与创新积极性。OKR 管理法没有与利益挂钩，使得员工在设置目标与指标过程中不会逃避困难但有价值的工作。对于依赖创新的企业来说，这一导向对于企业的成功十分重要。由于 OKR 的内容和成绩都是公开的，自然产生群体监督的作用；最重要的是，一个人表现如何，由身边最了解情况的同事进行评价，实现了绩效评价的客观公正。

资料来源：作者根据谷歌公司相关公开资料整理。

问题

1. 谷歌实施 OKR 的目的是什么？

2. 谷歌公司是如何考核员工的？OKR 起到了什么作用？

第八章

绩效指标的开发

【学习目标】

1. 理解绩效指标的构成要素。
2. 掌握绩效指标开发的一般方法。
3. 能够运用指标开发要素开发指标体系。

第一节　绩效指标及其来源

一、绩效指标的界定

（一）绩效指标的定义

绩效指标是用来衡量公司、部门或个人绩效好坏的工具，是指从哪些方面对工作进行衡量和评价。

绩效指标是绩效评价与绩效管理的关键要素。可以从以下几个方面理解：其一，因为绩效具有多维性，因而同一企业因不同时期考核目标不同，绩效指标选择也不同；其二，由于经营战略、企业文化等因素不同，企业之间绩效指标差别也很大，它随企业变化而变化；其三，绩效指标分为不同类型，一般来说，个体绩效指标通常包含了行为和结果两方面的因素。

（二）指标的作用

指标反映一个组织或部门的期望。具体作用包括以下几个方面：（1）行动的导向作用：应指明行动方向，通过考核引导企业及员工关注某些问题，如员工和企业追求什么，达到让被考核者关注考核内容的目的；（2）对战略规划的结果进行监督：战略目标是否实现；（3）诊断作用：组织绩效不断恶化，绩效衡量系统应该提前发出预警；（4）绩效评价：成为各种决策的依据。

二、绩效指标开发的依据

从个体层面看，员工的绩效考核指标一般有三个来源。

（一）岗位职责（岗位说明书）

即从职位的角度来获取考核的指标，岗位说明书提供了需要完成任务的信息。由于岗位说明书包含了众多的工作内容，为此需要首先进行归类，然后确定其相对重要程度。

选择考评项目的原则是：（1）体现岗位的核心价值；（2）花费时间较多的项；（3）难度较大的项。赫尔曼·阿吉斯（2013）提出，在确定相对重要程度时可以通过以下问题帮助识别：（1）员工在完成每一项工作职责方面所花费的时间占总工作时间的百分比是多少？（2）如果员工未充分履行自己的职责，是否会对其所属单位的使命达成产生重要影响？（3）员工的工作失误会产生重大不利后果吗？

根据上述内容确定重要的考核领域，并确定需要达到的目标，进而确定考核标准。

（二）部门目标

部门目标是指根据组织战略规划分解的指标。对于员工来说，组织战略规划意味着公司层面的战略目标分解到部门层面的各项任务。

例如，本年度企业的中心任务是通过引入全面质量管理提高产品质量，并实行团队管理来加强合作。那么，在定义绩效时，员工的质量意识、产品质量的实现状况以及合作意识应该成为重点内容。另外，企业的人力资源政策也影响定义绩效。例如，当一个企业实行从内部提升的政策时，对各层次管理者而言，在绩效考评的内容中必须有相关的指标，如培养开发下属的能力等。

（三）部门基本职责

部门职能工作，指影响较大、较重要、必须完成且难以完成的工作。员工隶属于一个特定的工作单位，可能是业务部门也可能是职能部门，无论哪个部门，都有自己特定的职责，因此，这些职责也要通过分解其工作作为员工绩效的一部分。例如，人力资源部的基本职责之一是满足组织对人员的需求，这一指标分解到招聘专员的岗位则是考核招聘工作的及时性与有效性；对培训专员来说，其职责则是使员工胜任岗位工作的要求，考核指标可能是与员工胜任力提升相关的指标。

三、绩效指标的筛选

根据公司战略目标的分解、部门任务以及岗位职责进行归纳的指标可能包含多项，而绩效考核的指标并非越多越好，因此，需要对初步列入考核的指标进行筛选，选出最后最具有代表性的那些指标，方法就是对指标进行评价。

指标评价的标准可能因组织考核目的、背景的不同而不同。一般来说，考虑的因素包括以下几个方面。

（一）均衡性分析

均衡性分析，即兼顾不同性质的指标，考虑相互之间的均衡。现实中，考核指标并不是孤立存在的，利益相关者之间的目标与指标可能会有冲突；企业不同环节的具体指标之间也会有冲突。例如，为提高客户满意度，可能意味着员工数量增加，由此带来人员费用的增加，从而降低收益性指标。因此，必须处理好维持性和成长性、短期与长期、前置与递延、财务与非财务、客观与主观、定性与定量指标之间的平衡关系，避免出现指标类型的失衡。

（二）与战略的连贯性

与战略的连贯性指的是绩效指标是否可以测定企业战略目标的达成程度，能够把战略转化为行为。战略绩效管理以实现组织战略目标为核心，因此各级目标必须与组织战略目标紧密结合。

（三）实用性

（1）易于理解，指的是员工可以充分理解指标内涵。（2）测定的可能性，即所需数据必须是能够获得的。（3）测量成本低，即测定指标所付出的费用适当。

（四）可靠性与有效性

可靠性是指指标是稳定的没有偏差的。为此，指标应尽可能以客观的方式衡量行为与结果。有效性是指指标应该包含重要的绩效构成因素，与工作绩效评价活动合理地联系起来，而不是去评价不重要的、员工难以控制的绩效因素。另外，指标还应该满足非重叠性、可接受性和公平性等要求。

绩效指标评价要素的例子如表 8－1 所示。

表 8－1　　　　绩效指标评价要素举例

战略计划	指标	权重					
		均衡性（30%）	战略一致性（20%）	可靠性（20%）	有效性（15%）	实用性（15%）	总计（100%）
创造高附加值	销售利润率						
	营业利润率						
	人均销售额						
改善业务结构	新业务销售比重						
	新业务增长率						
提高客户满意度	商标认知度						

四、界定绩效指标的内涵

（一）界定绩效指标内涵的定义

界定绩效指标内涵是指对一项指标的含义做一个清晰的描述，从而确保数据来源的准确性。

界定绩效指标内涵的意义在于，对一项绩效指标需要有一个规范的、标准的界定，从而消除不同人员在认识指标上可能产生的主观因素。例如，某企业对员工考核的指标之一是每月完成销售额 100 万元。而对于销售额的理解可能存在不同的内涵。其中，销售额可以是以成品出厂时数量与单价之积的总和为准，也可以是以客户对企业产品经验收并接受产品时的数量与单价之积的总和为准，还可以是以产品销售后的回款总金额为准，包括现金、票据等。

（二）界定绩效指标内涵的方法

界定绩效指标内涵的目的是消除不同利益群体对指标理解上的歧义，因此，需要首先识别并确定需要界定的可能的疑问点；然后列出对各个疑问点不同的理解方式，拟订各疑问点的内涵，对照常规和现行做法，避免冲突；最后让相关人员都理解指标内涵。

以销售额的界定为例。（1）计算方法：销售额 $=\sum$（单位数量 × 单价）；（2）销售额是以成品出厂时数量与单价之积的总和为准；（3）销售额是以客户对企业产品经验收并接受产品时的数量与单价之积的总和为准；（4）销售额是以产品销售后的回款总金额为准，包括现金、票据等。

第二节 行为类指标的测量与评分

一、行为类指标的含义

行为类指标强调对员工在工作中的行为表现进行评价，即对员工做了什么进行衡量。其依据是绩效不仅仅是工作的完成和目标的实现，因为结果不一定是由员工产生的，还可能由其他因素导致。它的假设前提是认为绩效是人们采取的行动，而且这种行动能被人观察到。绩效是指一个人在其工作中与组织或部门目标有关的一组行为。

然而，并非所有的行为都属于绩效的范畴，那些被称为绩效的行为通常符合两个条件：（1）它们是可以被评估的，也就是说可以按照它们对组织或部门有效性的影响做出评价；（2）它们可以被观察到，只有当行为可以观察时，才能作为评价指标。

行为作为绩效适合以下几种情形。（1）行为和结果之间的联系不明显。当员工采取的行动及其表现难以与组织期望的结果直接联系起来时，采用测量行为的方式比较可靠。（2）结果与努力之间存在较长的时间间隔。例如，一些科学研究工作很难在短时间内产生结果，短时间内通过行为进行评价比较合适。（3）影响结果的某些原因不在被评价者的可控范围之内。当员工难以对其工作结果进行直接控制时，衡量行为更为合理。

行为指标也包含了对胜任力的评价。胜任力表现为一些可衡量的知识、技能以及能力的集合。因此，行为指标一般是定性指标，更适用于不易定量衡量业绩的岗位（如人力、行政后勤），衡量独特的专业知识。对专业知识进行衡量的一个例子如表 8 – 2 所示。

表 8 – 2　　专业知识的衡量示例

等级	得分	含义
4	5	熟悉本行业并十分了解公司产品基本知识
3	4	了解本行业及本公司的产品
2	3	熟练地掌握本岗位所具备的专业知识，但对其他相关知识了解不多
1	2	熟练掌握本岗位业务知识及其他相关知识

美国学者坎贝尔提出了行为评价指标的八要素模型（见表8－3）。他认为，行为评价可以从特定工作任务的熟练程度、非特定工作任务的熟练程度、书面和口头传达任务的能力、工作的努力程度、遵守纪律情况、促进他人和团队的绩效、监督与领导、绩效管理/行政管理八个方面进行。其中，核心任务的熟练程度、工作的努力程度和遵守纪律情况是三个核心要素。

表8－3　　坎贝尔的行为绩效模型

序号	要素
1	核心任务的熟练程度
2	非核心任务的熟练程度
3	书面和口头传达任务的能力
4	工作的努力程度
5	遵守纪律情况
6	促进他人和团队的绩效
7	监督与领导
8	绩效管理/行政管理

资料来源：［英］理查德·威廉姆斯，《组织绩效管理》，清华大学出版社2002年版。

坎贝尔指出，模型中有三个核心要素。（1）核心任务的熟练程度：反映了个人在执行某些对工作至关重要的实质性或技术性核心任务方面拥有的能力，是一项工作特有的绩效行为，这种行为使该工作的实质与其他工作区别开来。（2）工作的努力程度：个人在工作中是否能做出一贯性的努力，根据上级的要求做出额外努力的频率，以及在不利条件下继续工作的自愿性。它反映了个人对全部任务的投入程度，以及在高强度状态下工作和在极度寒冷、潮湿或很晚的情况下连续工作的程度。（3）遵守纪律情况：反映了个人对消极行为进行自觉抵抗的程度，如违反规章制度、缺勤等情况。行为评价的方法有评语法、行为核查清单法、关键事件法、图等级评价尺度法等。

二、行为类指标的测量与评分

1. 量词式

评估尺度采用带有程度差异的形容词、副词等来表示不同的等级水平。例如，评价结果分为优秀、良好、合格、差四个等级。由于量词本身往往有特定的内涵，常与描述式结合起来使用（见表8－4）。

表 8 –4　　量词式指标测量

项目	不合格	合格	良好	优秀
描述	无法正常完成工作任务	不能每次都能在规定时间完成任务	能够完成基本工作职责内的任务	能够超额完成任务
得分	1	2	3	4

2. 等级式

直接划分等级来表示差异，如一级、二级、三级。由于等级的划分本身往往有特定的内涵，经常与描述式结合起来使用（见表 8 –5）。

表 8 –5　　等级式指标测量

项目	一级	二级	三级	四级	五级
描述	无法正常完成工作任务	不能每次都在规定时间完成任务	能够完成基本工作职责内的任务	能够一贯完成常规性的任务	除了完成常规性的任务，还能够完成有挑战性的任务
得分	1	2	3	4	5

3. 数量式

用数字进行区分，从而衡量指标之间的差异。数字评价时又分为连续性评估尺度与离散型评估尺度。由于数量本身往往有特定的内涵，因而它不能单独使用，与描述式结合起来使用效果更好。表 8 –6 为连续型评估尺度的例子。表 8 –7 为离散型评估尺度的例子。

表 8 –6　　连续型评估尺度

维度	1 ~3 分	4 ~6 分	7 ~9 分	10 ~12 分
了解客户需求	与客户沟通有困难	能沟通，但不能准确把握其需求	了解需求，并维持良好关系	善于与客户沟通，准确把握真实需求
主动性	缺乏热情	需上级督促	遇事主动解决	积极主动完成工作

表 8 –7　　离散型评估尺度

维度	1 分	3 分	5 分	7 分
了解客户需求	与客户沟通有困难	能沟通，但不能准确把握客户需求	了解客户需求，并维持良好关系	善于与客户沟通，准确把握真实需求
主动性	缺乏热情	需上级督促	遇事主动解决	积极主动完成工作

4. 描述式

通过语言的描述来划分等级。例如，对被考核者的计划与组织管理能力进行划分，总共分为五个等级，每一等级都有具体的行为描述，考核者可以依据被考核者相应的表现进行打分（见表8－8）。

表8－8　　描述式指标测量

项目		定义
计划与组织管理		对人、财物进行有计划地管理与组织
等级	1级	缺乏预先制订的计划，解决问题准备不足
	2级	有计划，但缺乏系统性
	3级	能有效地计划和组织下级的工作
	4级	对可能遇到的问题有计划性的解决方案，并能组织实施
	5级	系统地规划，以较佳的方式完成工作目标

不同的方法各有其优缺点，通常是把几种方法结合起来使用。不同方法的汇总如表8－9所示。

表8－9　　行为指标的不同测量方法

方法	A	B	C	D	E
量词式	优秀	良好	合格	差	很差
等级式	五级	四级	三级	二级	一级
数量式（连续型）	9~10分	7~8分	5~6分	3~4分	1~2分
数量式（离散型）	9分	7分	5分	3分	1分
描述式	善于与客户建立长期稳定关系	善于与客户沟通，准确把握真实需求	了解客户需求，并维持良好关系	能沟通，但不能准确把握客户需求	与客户沟通有困难

第三节　结果类指标的测量与评分

一、结果类指标的含义

绩效的测量是通过对任务的完成、目标的实现以及结果和产出来进行的。例如，学生的学习成绩，员工每小时完成的产品的件数；工作效率和效果，包括完成任务的数量、质量和效益等。把产出或结果作为绩效，因为这些工作的结果与组织的战略目标、顾客满意度及所投资金的关系最为密切。

以结果作为绩效的特点是：关注结果，指标更加客观，且易于操作。另外，结果指标往往是定量指标，是衡量产出的指标。常见的测量方法有格里波特模型（QQCT），其中，工作数量（quantity）是指在规定条件下完成工作的数量，工作质量（quality）是指在规定条件下完成工作的质量，工作时间（time）是指在规定条件下完成工作的时间，工作成本（cost）是指在规定条件下完成工作所花费的成本。

二、结果类指标测量方法

结果类指标一般包括工作任务、职责、目标以及标准的制定。通常测量方法有百分率法和绝对值法。

（一）百分率法

百分率法是实际完成值与预期计划值之间的比率。优点：结果准确，更好地体现完成程度，可以进行横向比较。例如，采用项目延期率，不同项目之间的比较一目了然，但改为延期天数，则很难看出有什么差别。不足：计算公式很关键，数据的收集可能会花费较多的时间。适用的情况：数据性较强的项目、数据来源稳定的项目，以及数值的绝对值较大的项目。

例如，人力资源部的常见评价指标有招聘计划完成率和培训费用控制率，它们的测量方法分别为：

$$\text{招聘计划完成率}=\frac{\text{实际招聘人数}}{\text{计划招聘人数}}\times 100\%$$

$$\text{培训费用控制率}=\frac{\text{培训实际费用支出}}{\text{计划费用支出}}\times 100\%$$

销售部门常见的评价指标有销售增长率，其计算方法为：

$$\text{销售增长率}=\frac{\text{当期销售收入}-\text{上期销售收入}}{\text{上期销售收入}}$$

（二）绝对值法

结果类指标还可以用绝对值法进行测量。一些指标发生的频率较低，常常用次数衡量，比较适合绝对值的测量。例如，考核指标为“每季度违反操作规程的次数”，一般表现为绝对值，一旦超过规定的频次，则按照扣分规则进行扣分。表 8 - 10 至表 8 - 12 为用两种方法进行测量的示例。

表 8 - 10　　采购部考核指标测量示例

考核项目	指标名称	计算公式
物资采购	采购计划完成率	$\frac{\text{完成的采购项目数}}{\text{计划采购项目数}}\times 100\%$
	采购物资质量合格率	$\frac{\text{质量合格的采购批次}}{\text{采购总批次}}\times 100\%$
采购成本	采购价格	按照企业比价规定，货比三家，确定合适的价格
	采购成本降低率	$\frac{\text{上期采购成本}-\text{本期采购成本}}{\text{上期采购成本}}\times 100\%$
供应商管理	供应商开发计划完成率	$\frac{\text{期内新开发的供应商数量}}{\text{期内计划新开发的供应商数量}}\times 100\%$

表 8 - 11　　生产部考核指标测量示例

考核项目	指标名称	计算公式
生产安排	生产计划编制及时率	$\frac{\text{及时编制的生产计划数}}{\text{考核期需编制的生产计划总数}}\times 100\%$
	生产计划完成率	$\frac{\text{实际完成的生产任务}}{\text{计划完成的生产任务}}\times 100\%$
	生产调度出错次数	考核调度人员在生产调度过程中的错误调度次数
	生产排程准确率	$\frac{\text{排程准确的工单数}}{\text{排程工单总数}}\times 100\%$
生产任务	紧急订单完成率	$\frac{\text{紧急订单完成数}}{\text{紧急订单接单总数}}\times 100\%$
	有效工时利用率	$\frac{\text{有效工时}}{\text{制度工时}}\times 100\%$
	产量定额完成率	$\frac{\text{实际完成的产品数}}{\text{产量定额}}\times 100\%$
	交期达成率	$\frac{\text{准时交货的产品批次数}}{\text{应交货总批次数}}\times 100\%$
	废料率	$\frac{\text{生产产生的废料数量}}{\text{投入生产的材料总量}}\times 100\%$
	产能利用率	$\frac{\text{实际产出}}{\text{设计产能}}\times 100\%$

续表

考核项目	指标名称	计算公式
生产设备	设备完好率	$\frac{设备完好台日数}{设备制度台日数}\times 100\%$
	设备利用率	$\frac{实际开动时间}{设备制度工作时间}\times 100\%$
	设备故障停机率	$\frac{故障停机台时}{设备应开动台时}\times 100\%$
	设备故障修复率	$\frac{考核期内设备故障修复完成次数}{考核期内设备故障次数}\times 100\%$
	设备修理计划完成率	$\frac{实际修理设备台数}{计划修理设备台数}\times 100\%$
	设备保养计划完成率	$\frac{实际保养设备台数}{计划保养设备台数}\times 100\%$
生产安全	安全事故发生次数	考核期内发生的安全事故总次数
	工伤事故率	$\frac{考核期内工伤总人数}{考核期内员工总人数}\times 100\%$

表 8-12　　技术部考核指标测量示例

考核项目	指标名称	计算公式
技术管理	技术改造计划完成率	$\frac{完成的技术改造项目数}{计划完成的技术改造项目数}\times 100\%$
	重大技术改造项目完成数	即在考核期内攻关完成的重大技术改造项目数
	技术依存度	$\frac{技术引进费用}{技术研发费用}\times 100\%$
费用管理	技术改造费用	
技术支持	技术问题解决率	
	技术服务满意率	$\frac{满意的技术服务次数}{技术服务总次数}\times 100\%$
技术资料管理	技术资料完整性	技术资料有无缺失、遗漏

三、结果类指标评价标准

（一）经验增减法

经验增减法是指根据经验确定不同绩效水平得分的多少。以销售目标达成率为例，已知其目标值是96%，该指标分配的分值是40分。按照评分规则，每比目标值增加1%时，得分增加10%；少1%时，减去配分的20%。假如一位员工的实际完成率是95%，那么按照规则他的得分是36分；另一位员工实际完成率是97%，那么他的实际得分是48分（见表8－13）。

表8－13　　　　　　　　　　评分规则

考评项目	目标值	配分	评分方法	规则
销售目标达成率	96%	40	经验增减法	每比目标值增加1%时，增加配分的10%；少1%时，减去配分的20%
销售目标达成率	96%	40	间歇增减法	实际业绩＜80%，0分； 96%≥实际业绩＞90%时，得40分； 99%≥实际业绩＞96%时，得45分； 100%≥实际业绩＞97%时，得55分； 实际业绩＞100%时，得65分
销售目标达成率	96%	40	正反比例法	实际业绩（X）/96% = 实际得分（Y）/40，即 $Y=40X/96\%$

（二）间歇增减法

间歇增减法是指把绩效水平分为不同档次，在一个绩效档次范围里得分相同。优点是操作起来简单；缺点是不同绩效结果得分相同，有失公平（见表8－13）。

（三）正反比例法

正反比例法是指以标准值为基准比率，计算实际得分值的方法。优点是操作简单，不需要说明详细的评分规则；缺点是难以对具体指标的下限进行控制，容易导致某项业绩的无限下滑。例如，一个人即使只完成了任务的10%，仍然可以有得分（见表8－13）。

（四）难易折线法

难易折线法是常用又科学的方法，规定了最低、最高、合期望的目标，在不同绩效区间设置不同的评分标准。优点是控制最高配分，强调了均衡发展，还可以鼓励高绩效员工；缺点是计算过程相对较复杂（见表8－14）。

表 8－14 难易折线法

考评项目	最高 A	考核目标 B	最低 C	规则
销售目标达成率	≥100%，55 分	96%，40 分	<96%，0 分	（1）B<实际业绩≤A 实际得分＝（最高分－基准分）×（实际达成－B）/（A－B）＋基准分 （2）C<实际业绩≤B 实际得分＝基准分×（实际达成－C）/（B－C）

第四节　确定绩效指标的权重

在确定了评价指标与评分规则后，接下来就是给各个绩效指标分配权重。因为不同指标在考核中的重要程度不同，权重便是解决这一问题的途径。

一、权重分配的原则

对不同绩效指标赋予权重时需要考虑以下几个原则。

（1）指标的战略性重要程度。一项指标对公司战略的重要性程度越高，权重越大；反之，越小。

（2）实现的难易程度。越是难以实现的指标权重越大；反之，越小。

（3）发生频率和周期性。频率越高或者周期越短的指标，权值越大；反之，越小。

二、权重分配的方法

（一）直接判断法

直接判断法是指根据个人经验确定各项指标的重要性。优点是进行简单的定性分析，省时、省力、简便易行，决策效率高；缺点是缺乏客观性，不够科学、合理。

（二）两两比较法

两两比较法是指把每一个指标与其他指标比较，最终确定重要程度。其流程为：（1）列出评价指标；（2）两两比较打分，如果比对方重要为1分，否则为0分；（3）计算每个指标胜出的次数；（4）对指标进行排序（见表 8－15）。这种方法的优点是方便，较合理；缺点是只能排出顺序，不能得出具体值。

表 8 - 15 **两两比较法**

指标	A	B	C	D	E	胜出次数
A	—	1	1	0	0	2
B	0	—	0	0	0	0
C	0	1	—	0	0	1
D	1	1	1	—	1	4
E	1	1	1	0	—	3

（三）专家评价法

专家评价法是指由一组相关人员共同打分决定重要程度。其流程为：（1）专家分别打分；（2）将每个指标的得分相加，得出该指标的总得分；（3）将所有指标的总得分相加，计算出所有指标的总分值，在此基础上计算每个指标在总分值中所占的比例；（4）以该比例作为最终的权重（见表 8 - 16）。这种方法的优点是定性与定量相结合，使得结果较合理；缺点是处理过程费时，较为麻烦，也不能完全摆脱专家主观影响。

表 8 - 16 **专家打分表**

指标	A	B	C	D	E	F	评分
A	—	4	4	3	3	2	16
B	0	—	3	2	4	3	12
C	0	1	—	1	2	2	6
D	1	2	3	—	3	3	12
E	1	0	2	1	—	2	6
F	2	1	2	1	2	—	8

（四）权值因子法

权值因子法是在专家评价法的基础上发展而来的。其流程为：（1）组成评价小组；（2）采用 4 分制打分，从 0 分到 4 分；（3）各位专家构造权值因子判断表行列比较，非常重要为 4 分，比较重要为 3 分，同样为 2 分，不太重要为 1 分，很不重要为 0 分；（4）统计每位专家的判断表；（5）将结果折算为权重。表 8 - 16 是专家的打分表，把所有打分表汇总起来，计算出平均值和权重，调整后得到最后的权重（见表 8 - 17）。

表 8－17 权重计算表

指标	1	2	3	4	5	6	7	8	总计	平均	权值	调整后
A	15	14	16	14	16	16	15	16	122	15. 250	0. 25417	0. 25
B	16	8	10	12	12	12	11	8	89	11. 125	0. 18542	0. 20
C	8	6	5	5	6	7	9	8	54	6. 750	0. 11250	0. 10
D	8	10	10	12	12	11	12	8	83	10. 375	0. 17292	0. 20
E	5	6	7	7	6	5	5	8	49	6. 125	0. 10208	0. 10
F	8	16	12	10	8	9	8	12	83	10. 375	0. 17292	0. 15
合计	—	—	—	—	—	—	—	—	480	60	1. 00001	1. 00

第五节 绩效考核周期的确定

一、绩效数据的收集方式

（一）在规定的时间间隔内每期（如月）收集

适用于一年内每期的目标相对比较平衡、波动小的项目，以及每一期都能有准确的考核数据，如出勤率、供应及时率等的项目。

（二）滚动收集

对下期目标进行考核时，同时对上期的数据进行平均处理，一般以一个季度或半年为滚动期。

适用于前后跨度长的项目，如招聘合格率等；还适合制订计划时不确定因素较多的项目，如销售计划完成情况等。

（三）叠加收集

以年为考核周期，以避免计划不准确导致的误差。叠加收集与滚动考核的区别是：不再按照每段时间如 3 个月滚动，而是将全年的数据进行叠加，以计算最后目标完成情况。这种考核方法的优点是可以解决由于计划不能准确制订带来的麻烦。

二、绩效考核周期的确定

绩效考核周期也称为绩效考核期限，是指多长时间对员工进行一次绩效考核。由于绩效考核需要耗费一定的人力、物力，因此考核周期过短，会增加企业管理成本的开支；但是，绩效考核周期过长，又会降低绩效考核的准确性，不利于员工工作绩效的改进，从而影响绩效管理的效果。因此，确定恰当的绩效考核周期很重要。周期太长，对所做的工作进行回忆会很困难；周期太短，又会造成工作量的增加。

绩效考核周期的确定一般需考虑以下几个因素。(1) 职位的性质。不同的职位，工作的内容是不同的，因此绩效数据收集的周期也应当不同。一般来说，职位的工作绩效比较容易考核，考核周期相对要短一些。(2) 指标的性质。不同的绩效指标，其性质是不同的，考核的周期也相应不同。一般来说，性质稳定的指标，考核周期相对要长一些；相反，考核周期相对短一些。(3) 标准的性质。在确定考核周期时，还应当考虑到绩效标准的性质，在考核周期的时间内应当保证员工经过努力能够实现这些标准。

大部分公司正式的绩效评价一般一年一次或两次。传统的绩效考核一般采用一年一次进行考核，这样的考核也与企业的年度目标直接相联系，方便管理。然而，由于考核期限较长，对员工的激励性有限，尤其是随着企业面对的竞争日益激烈，需要企业成为敏捷性组织，及时对市场变化做出反应，一年一度的考核变得难以适应新的要求，越来越多的公司认识到一年一次评价的局限性。近年来许多公司改革了原有的绩效管理模式，一些公司实施了半年一次的考核，增加了考核的频率。许多公司不仅要求管理人员对下属的工作绩效一年评价两次，而且要求管理人员与下级就如何提高工作绩效进行非正式谈话的次数更多。另外，绩效管理也不再是一项一年一次或几次的活动，而成为一个封闭的管理过程，以及贯穿一年始终的、实时的管理流程。绩效管理的优点是能为员工提供更为准确的信息，让员工了解自己的工作水平，便于及时调整。

思考题

1. 绩效指标有哪些构成要素？
2. 测量行为指标的方法有哪些？如何评分？
3. 测量结果指标的方法有哪些？如何评分？

案例分析

A 公司绩效考核的困惑

A 公司成立仅四年，为了更好地进行各级人员的评价和激励，公司在引入市场化的用人机制的同时，建立了一套绩效管理制度。对于这套方案，用人力资源部经理的话说，是细化传统的德、能、勤、绩几项指标，同时突出工作业绩的一套考核办法。其设计的重点是将德、能、勤、绩几个方面内容细化延展成考核的10项指标，把每个指标都量化出5个等级，同时定性描述等级定义，考核时只需将被考核人实际行为与描述相对应，可按照对应成绩累计相加得出考核成绩。

但是，在年度绩效考核中却出现了一个奇怪的现象：原先工作比较出色和积极的员工考核成绩却常常排在多数人后面，一些业绩并不出色的人和错误很少的人却都排在前面。还有就是一些管理干部对考核结果大排队的方法不理解和有抵触心理。

综合各方面情况，目前的绩效考核还是取得了一定的成果，各部门都能够很好地完成。不过，让公司高层管理人员头疼的是，对排序在最后的人员如何落实处罚措施。对这些人降职和降薪，无疑会伤害一批像他们一样认真工作的人，但是不落实处罚措施却容易破坏考核制度的严肃性和连续性。

另一个问题是，在本次考核中，成绩统计工具比较原始，考核成绩统计工作量太大，人力资源部就三个人，却要完成统计、计算、平均、排序发布等工作，最后还要和这些人分别谈话。在整个考核的一个半月中，人力资源部几乎都在做这件事，其他事情都耽搁了。为此，人力资源部的负责人建议公司引入一种人力资源软件。公司是否有必要采纳人力资源部的建议呢？

为了彻底弄清楚问题所在，张总经理决定请车辆设备部、财务部和工程部的负责人到办公室深入了解一些实际情况。

车辆设备部李经理、财务部王经理来到了总经理办公室。当总经理简要地说了原因之后，车辆设备部李经理首先快人快语回答道：“我认为本次考核方案需尽快调整。它不能真实反映我们的实际工作。例如，我们车辆设备部主要负责公司电力机车设备的维护管理工作，总共只有20个人，却管理着公司总共近60台电力机车。为了确保它们安全无故障地行驶在600公里的铁路线上，我们主要工作就是按计划到基层各个点上检查和抽查设备维护的情况。在日常工作中，我们不能有一次违规和失误。因为任何一次失误都是致命的，也会造成重大损失，但是在考核业绩中有允许出现‘工作业绩差的情况’，因此，我们的考核就是合格和不合格之说，不存在分数等级多少。”

财务部王经理紧接着说道：“对于我们财务部门，工作基本上都是按照规范和标准来完成的。平常填报表和记账等都要求万无一失，这些如何体现出创新的最好一级标准？如果我们没有这项内容，评估我们是按照最高成绩打分还是按照最低成绩打分？还有一个问题，在本次考核中我们沿用了传统的民主评议的方式。对部门内部人员评估没有意见，但是实际上让其他人员打分是否恰当？因为财务工作经常得罪人，让被得罪的人评估我们财务部，这样公正吗？”

听完各个部门负责人的看法，张总想：难道公司的绩效管理体系本身设计得就有问题？问题到底在哪里？公司是否同意人力资源部门提出的购买软件方案？是否有一个最有效的方法解决目前的问题？

资料来源：《A 公司关于绩效考核标准的困惑》，百度文库，2012 年 5 月 22 日。

问题

1. 分析该公司绩效考核中存在的问题。
2. 为改进考核问题提出建议。

第九章

绩效考核主体与考核方法

【学习目标】

1. 了解不同考核主体的优缺点。
2. 掌握360度反馈法及其实施条件。
3. 掌握不同评价方法及其适用条件。
4. 选择合适的评价方法设计绩效评价体系。

第一节 绩效考核的类别

一、按考核时间划分

按考核时间的不同，可分为日常考核与定期考核。日常考核指对被考核者的出勤情况、产量和质量实绩、平时的工作行为所作的经常性考核。定期考核指按照一定的固定周期所进行的考核，如年度考核、季度考核等。

（一）定期考核

企业考核的时间可以是一个月、一个季度、半年、一年。考核时间要根据企业文化和岗位特点进行选择。

（二）不定期考核

不定期考核有两方面的含义：（1）组织中对人员的提升所进行的考核；（2）主管对下属的日常行为表现进行记录，发现问题及时解决，同时也为定期考核提供依据。

二、按照考核导向分类

（一）结果导向型

结果导向型考核，也叫控制导向型考核，这种方法强调的是员工的工作产出和结果。因为看中员工行为的结果（如产量、销售量等），而不关心员工的行为和过程，考核的重点在于产出和贡献，如产品的产量和质量、劳动效率等。它是一种对目标和结果进行比较的事后控制，对于已经发生的事情无法进行改进。这类考核方法适用于职位成果客观、具体及可量化的岗位。常见的结果导向型绩效考核方法有比较法、强制分布法、量表分布法等。结果导向型绩效考核方法的优点是简单、易操作且成本低，数据收集更加客观；缺点是只注重结果，往往过分强调量化指标，易导致短期行为和不利于组织长期发展的事件，另外，这类考核方法难以提供有助于提高员工绩效的明确信息。下列情况适合采用结果导向型绩效考核方法：（1）员工具备工作所需技能并能熟练地实施工作所需行为；（2）行为和结果之间存在明显的联系；（3）正确完成工作的方法有多种。

（二）行为导向型

行为导向型的绩效考核强调员工在工作中做了什么，考核的重点是员工的工作方式和工作行为，如服务员的微笑和态度、待人接物的方法等，是以工作过程为中心的评价方法。这类绩效考核方法关注员工的行为方式是否与预定要求相一致。这类考核方法适用于输出的考核结果难以量化或者是强调过程的工作，操作性也比较强。常见的行为导向型绩效考核方法有关键事件法、行为观察量表法、行为锚定评定法等。行为导向型绩效考核方法的优点有：（1）可观察的行为为考评提供了确切的事实证据；（2）有利于绩效反馈与绩效改进。这类方法的缺点有：（1）评价标准制定难度较大，开发成本较高；（2）操作成本较高；（3）考评结果可能不够公平。下列情况适合采用行为导向型绩效考核方法：（1）行为和结果之间的联系不明显；（2）结果与努力之间存在较长的时间间隔；（3）影响结果的某些原因不在被评价者的可控范围之内。

（三）战略导向型

战略导向型的绩效考核着眼于企业发展战略，并把战略及其目标的落实贯穿于绩效指标构建、执行、考核等绩效管理全过程，是绩效管理的重要方法。这类绩效考核方法可以帮助组织制定分层级的绩效目标，以保证总体目标的实现。常见的战略导向型绩效考核方法有平衡计分卡法、关键绩效指标法、目标管理法等。战略导向型绩效考核方法的优点有：（1）支持组织战略目标的实现；（2）有利于保持各层级绩效目标与指标的一致性。这类方法的缺点有：（1）开发与实施的难度大，耗时费力，成本高；（2）对组织的总体管理水平要求高。

三、按照考核标准分类

按照考核标准划分，可以将绩效考核划分为绝对考核标准法和相对考核标准法。

（一）绝对考核标准法

绝对考核标准法，首先要设定统一的考核标准，将员工绩效与事先确定的绩效标准加以比较，以衡量员工的绩效水平。绝对考核的标准是客观的，不会因为被评价者而发生变化，绩效考核中运用绝对考核标准法时可以直接运用于单个员工，也可以对不同员工进行横向比较。但是，绝对考核标准法在设计时会花费一定的时间和精力，具有很强的专业性，所以需要专业人员设计、培训，掌握方法后才能确保该方法的实施效果。

常见的绝对考核标准法有图示尺度法、关键事件法、实绩评价法、行为锚定评价法、自我评价法和目标管理法。

（二）相对考核标准法

相对考核标准法是一种常见的较为简单的评价方法。和绝对考核标准法不同，相对考核标准法不需要事先设定一个考核标准，而是通过在组织内部将员工的绩效表现进行相互比较来评价其工作的好坏。相对考核标准法是最简单的评价方式，得到的评价结果也简单明了，因此使用范围较广。但是，相对考核标准法也有其自身的局限性，采用该方法得出的评价结果无法在不同被评价者群体之间横向比较，评价结果有时无法让人信服。常见的相对考核标准法有简单排序法、配对比较法和强制分布法。

第二节　绩效考核主体选择

一、评价主体及其选择的原则

在绩效考核的指标确定后，需要确定绩效信息的来源。对于行为类的指标，往往需要选择合适的人来进行评价，即选择适当的评价主体。评价主体是指对被考核对象做出评价的人或者集体。作为评价主体，需满足以下原则。

（一）知情原则

首先，评价主体必须了解考核职位的工作内容。评价主体对考核职位越熟悉，对员工工作表现好坏的判断就越专业。其次，作为评价主体，应了解被考核者的工作情况并基于所掌握的情况进行评价。因此，知情原则是指作为评价主体既要熟悉被评价岗位的内容，又要对进行评价的对象在该岗位的工作信息具有充分的了解。

（二）360 度原则

绩效评价的信息既可以是单一来源，也可以是由多个来源组成。由于不同的评价主体评价的角度不同，因此全方位的信息来源更有利于做出公正合理的评价。360 度原则是指应尽可能设置多个评价主体，从而可以对被评价者进行全方面、多角度的绩效评价。

二、常见的评价主体

绩效考核系统中常见的评价主体包括直接上级、同事、员工本人、下属、公司客户以及委员会。

（一）直接上级评价

直接上级的评价在绩效管理过程中始终都起着十分重要的作用，也是大多数组织中最常使用的评价方式。这是因为在所有评价主体中，员工的直接上级是最了解下属的工作内容和工作情况的，对考核内容也更加了解；来自直接上级的反馈与工作绩效相关性最大。

上级评价的优点是具有权威性，且符合评价主体的两条标准。95% 的中低层次员工的评价采用这一方式。另外，直接上级对下属工作的了解有助于评估与奖惩结合，易于操作，节省时间。同时，绩效评价作为绩效管理的重要环节，为直接上级提供了监督和培训员工行为的一种手段，强化了直接上级对下级的管理，可以促进部门或者团队工作的顺利展开。如果直接上级没有对下级进行绩效评价的权利，将会大大降低上级对下级的控制权。直接上级对员工评价的缺点是，评价不一定是客观的，直接上级可能会因为个人的主观性、与员工的友情或矛盾而损害考核绩效的公正性。

（二）同级相互评价

同级相互评价是指由被评价者的同级同事对其进行评价。这里的同级评价不仅指同部门的同事，还包括其他部门或者团队的员工，这些人员与被评价者处于同一级管理层，同时也是与被评价者在日常工作中有联系的员工。

同级相互评价的优点是，评价人对岗位要求以及被评价者的表现最熟悉。在日常工作中，员工的同事往往最能观察到员工真正的工作状态，更了解被评价者的工作状态和相关信息。同级相互评价的缺点是，可能受利害关系以及个人感情因素影响，导致评价不够客观。例如，当绩效评价结果与薪酬和晋升等激励机制结合得十分紧密时，同级之间的竞争关系将限制同事评分的可信程度。

（三）下级评价上级

在对管理人员进行绩效评价时，下级常常是一种常见的评价者。下级评价上级也意味着组织承认员工的地位，在一定程度上具有激励作用，让员工更具有工作积极性。缺点是下属在评价上司的时候可能会有所保留，害怕被报复而不敢指出上级的缺点。同样，受个人因素的影响，下级在评价过程中也会受到一定的主观因素的影响。另外，下级对上级的业务不易有全面了解，造成下级评价的角度有一定的局限性。因此，下级对上级进行评价时适合参与部分指标的评价，如领导水平、口头沟通水平、工作权限、下级利益、绩效反馈、提供工作指导、压力和自我控制、人际关系等，而计划和组织、预算、目标制定、决策、创新、工作数量、工作质量、分析能力等不宜由下级评价。下级可以与不可以评价的指标如表 9 – 1 所示。

表 9 –1　　下级可以与不可以评价的指标

下级可以评价的指标	下级不可以评价的指标
领导水平	计划和组织
口头沟通水平	预算
工作权限	目标制定
下级利益	决策
绩效反馈	创新
提供工作指导	工作数量
压力和自我控制	工作质量
人际关系	分析能力

资料来源：[美] 詹姆斯 · W. 史密斯、纽曼尔 · 伦敦，《绩效管理：从研究到实践》，汪群、张龙等译，机械工业出版社 2011 年版。

（四）自我评价

在绩效管理中，员工的自我评价是非常重要的一部分。自我评价的实施能够提高员工对最终绩效评价结果的接受程度，有利于员工的自我反思、提高与发展，员工参与自我评价会在工作技能开发等方面变得更加积极和主动。

但是，员工自我评价可能不够客观，往往倾向于夸大自我的优点。尤其是当员工个人评价与其他评价主体不一致时，导致结果出现冲突（见图 9－1）。因此，自我评价一般不能作为评价的唯一来源，而且自我评价更适合于开发目的而不是管理目的。

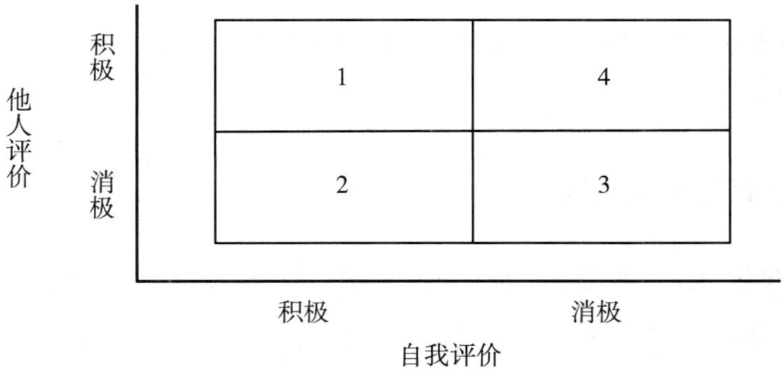

图 9－1　自我评价与他人评价

（五）客户评价

客户经常是绩效信息的一个重要来源，客户可以为个人与组织提供重要的工作情况反馈信息。将客户和供应商纳入考核主体中，有助于了解那些只有特定外部成员能够感知的绩效情况，或通过设定特殊的考核主体引导被考核者的行为。由于客户与被评价者之间没有利益冲突，因此客户评价相较于其他评价主体会更加客观。但是，客户评价的缺点是收集信息较困难，因而成本较高。

（六）委员会评价

委员会是在所有评价主体中最公正的评价主体，因为委员会独立于任何运营部门，委员会成员一般与被评价者没有人际矛盾，在评价过程中会根据被评价者的绩效结果进行公正的评价。但是，委员会成员可能并不十分了解被考评者，导致评价不够全面与真实。另外，相对于其他主体评价来说，委员会评价会更加复杂。

由此可见，采用单一评价主体的好处是花费时间少、费用低，多评价主体的评价体系花费时间多、费用高，但是多主体评价比单一主体评价客观性高、误差小。由于不同评价主体存在各自的优缺点，因此同时采用不同的信息来源，使各种评价主体相互补充，形成一个评价体系更为合理。

第三节 360 度反馈法

传统的考核仅关注个别维度，最常见的是上级对下级进行评价。传统的单一维评价的缺陷是信息来源单一，主观因素影响大，不利于员工成长，也难以获得员工对评价结果的认可。为了避免单一评价主体的弊端，英特尔公司开发了 360 度绩效反馈系统，它强调由被考核者的上级、同级、下级和（或）内部客户、外部客户、本人对被考核者进行全方位的评价。

一、360 度反馈的含义

360 度反馈体系是由被考核者的上级、同级、下级和（或）内部客户、外部客户、本人对被核者进行全方位的评价，是使用与被考核者有工作关系的多重主体对被考核者进行全方位评价的过程。

由于被考核者的信息来自其周围方方面面的人，包括上级、下级、同级等，因而称为 360 度反馈体系（见图 9－2）。与传统的考评仅仅由员工的上级提供反馈信息不同，360 度反馈法从多个角度来反映员工的工作，使结果更加客观、全面和可靠。通常情况下，360 度反馈法主要适用于承担管理监督责任的职位，也适合其他职位。

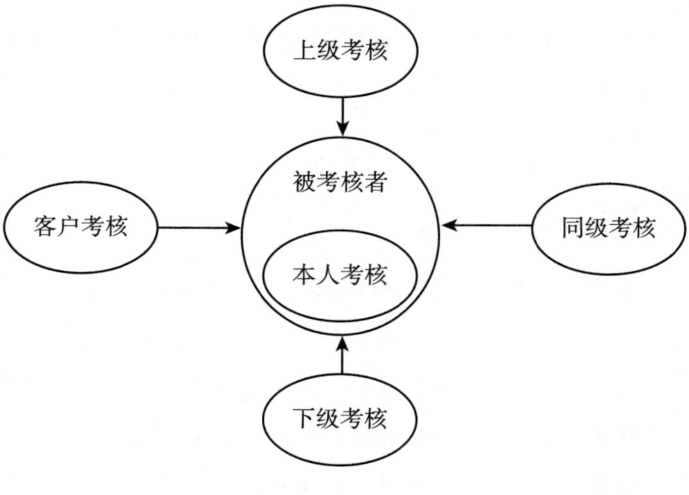

图 9－2 360 度反馈体系

360 度反馈法提出以后，在众多行业以及公司得到了广泛应用，并取得了一定的效果。然而，并非所有的公司都适合 360 度反馈法，它的实施需要一定的环境。首先，需要公司具备支持公开、坦诚的文化，这种文化使得这种体系的作用得以最大限度的发挥。其次，在重视反馈价值的组织中，360 度反馈法最有效。研究发现，当 360 度反馈法用于开发目的而不是管理目的时，其效果最好。

二、360 度反馈法的优缺点

（一）360 度反馈法的优点

与传统的考核方法相比，360 度反馈法从多个角度来反映员工的工作，使结果更加客观、全面和可靠，并且员工易于接受。

1. 全方位评价，信息可靠

从任何一个方位评价人都难免偏激，为避免滥用权利，减少偏见出现的可能性，360 度绩效反馈的信息来源于企业内部和外部不同层面，涉及被考核者的上级、同级、下级及客户等多层面。通过多主体从不同角度评价员工的工作绩效，可以得到更加全面的信息，同时也可以消除反馈中的个人偏见和因观察不到位而造成的误解。

2. 客观公正

将来自不同主体的评价进行汇总得出一个评价结果，从而避免了单一评价主体的主观信息，评价结果较为客观、公正。

3. 员工易于接受

评价主体越全面，评价结果越客观、真实，员工就更容易接受该评价体系。360 度反馈法能够使评价结果更加真实，评价过程中不会存在因偏见而刻意更改的事情，所以员工更容易接受这种评价体系。

4. 增进沟通，有利于员工全面发展

360 度反馈体系的实施可以令企业内部和外部不同渠道的信息进行交互，增进员工上下级之间、员工之间以及与客户之间的信息沟通，有利于建立员工之间互相信任的关系。员工得到全面的信息，不同人的评价有利于员工在不同方面改进、提升自己。

5. 改进对绩效的个人感知

360 度反馈法能够反映出不同的评价主体对同一被评价者的不同看法。这样可以增强员工的自我发展意识，员工会有更高的积极性来提升自己。

6. 使个人目标与组织目标结合起来

在 360 度反馈的结果中，通常包括对员工个人职业生涯发展的建业和指导，这些指导能够促进员工职业生涯发展。通过规划员工的职业生涯，将员工的个人目标与组织目标相结合，让员工以组织目标为个人奋斗目标，积极地为组织贡献。

（二）360 度反馈法的缺点

1. 增加了体系设计的复杂性

360 度反馈体系需要不同评价主体对被评价人进行多维度、全方位的评价，评价主体涉及组织内部和外部不同渠道，因此，增加了体系设计的复杂性。

2. 收集信息的成本高

360 度反馈体系涉及多种不同渠道的信息来源，因此，在评价数据和信息收集过程中需要耗费大量的人力、物力和财力，导致收集信息的过程变得十分复杂。同时，信息处理的成本也会随之增高。因此，360 度反馈体系的使用成本比单一渠道要高。

3. 评价者负担过重

评价者需要经过组织所指定的考核制度培训，需要在评价过程中担任好评价者的职责，不能因个人原因对被评价者做出错误的评价，因为评价结果对被评价者职业生涯发展有很重要的影响。系统采用不同评价主体，单个评价者可能会承受较多被评价者的评价工作，加大工作量。

4. 存在讨好同事或趁机打击报复的可能性

360 度反馈法在具体的实施过程中对员工参与的积极性要求较高，要求员工能积极参与企业的管理，规划自己的职业生涯，制订自身的发展计划。此外，由于该方法要参考与被考评者有工作关系的每一个方面的意见，因此，意见反馈者的评价公正与否将会直接影响到其所提供信息的公正性与准确性。评价者可能会因个人恩怨对被评价者作出错误的评价，报复被评价者，同时也会出现一些人想通过讨好评价者来获得超乎其本身的评价。例如，上级可能会担心员工利用 360 度绩效反馈体系发泄对其的不满，而下属则担心如实反映情况可能会被上级报复，来自同事的信息也可能会由于彼此间利益关系的冲突而产生偏差。因此，360 度绩效反馈体系最关键的是要建立评价者和被评价者相互之间的信任。

5. 存在串通的可能

360 度反馈法涉及多维度评价主体，评价主体在一定程度上存在一定联系。例如，同级员工可能会相互串通给每一个人的评价都十分优异，这样就违背了 360 度反馈法的初衷。

三、防范措施

对于360度反馈法本身的缺点，可能会出现一些评价误差，所以在360度反馈法实施过程中，需要采取一定措施。

（一）匿名考核

在360度评价反馈过程中，匿名考核十分重要，如果主持评价的人知道每个人对其他人的评价是什么，会导致公司内部的不信任，反馈结果会不可靠。匿名评价的方式，使评价者能够客观地进行评价。

（二）加强考核者的责任意识

管理部门需要检查考核小组内每一位评价主体的工作，使评价者明白自己运用的评价尺度是否合适，得到的评价结果是否可靠，以及其他人是怎样进行考核的。

（三）采用统计处理

利用360度反馈评价软件来统计评分和报告结果，包括多种统计图表的绘制和及时呈现，使用起来相当方便。这种统计处理可以让360度评价量化，呈现的结果适合工作使用。

（四）识别偏见

管理人员在处理评价结果时，需要识别出与年龄、性别、籍贯或民族等相关的偏见和袒护的评价，将明显有错误的评价结果筛除。

（五）权重分配适宜

不同评价主体所观察的角度不同，观察到的结果也不同，对整体结果有不同的影响。因此，需根据企业的实际情况、企业发展所处的生命周期及企业的使命对不同的评价者定不同的权重。例如，企业处于创业期时，要鼓励员工为实现企业目标而努力，则应给上级考核者的评价定一个高的权重，以使员工注重开拓业务能力，促使目标完成；若企业鼓励以客户为导向的经营方式，则顾客参与360度考核所占的权重应大一些。

（六）培训评价者

通过培训提升评价主体的考核技能，消除考核过程中的个人因素。为防止评价流于形式，应花费时间和精力对评价主体进行培训，保证评价主体和被评价者对于考核评价标准达成共识。表9－2为某公司中层管理人员的考评人权重分配的例子。

表9－2　某公司中层管理人员的考评人权重分配　单位：%

考评人类别	A公司	B公司	C公司	D公司	平均值
总经理	36	20	40	15	27.75
直接分管高层经理	18	30	30	50	32
其他高层经理	20	15	无	10	15
中层经理（含本人）	20	25	15	20	20
其他（股东代表、员工代表、外聘专家）	6	10	15	5	9

四、360反馈法应具备的特征

（一）匿名进行

360度反馈法的实施应该是匿名进行的。公司在实施360度反馈法前应对员工承诺保密，只有消除员工疑虑，考核才能够达到其应有的效果。

（二）熟知被评价人的工作

360度反馈法中评价人的选择十分关键。只有对被评价人十分了解才能做出有效的反馈。因此，只有与被评价人具有工作联系，或者能够观察被评价人的工作行为与结果的人，才能作为反馈参与人。

（三）进行充分的培训

培训的目的是确保评价主体与被评价主体理解绩效管理体系以及360度反馈法，并获得充分的评价技巧和知识。一方面，使评价主体掌握绩效评价的操作技能，掌握避免误差的方法，以确保评价的有效性和准确性；另一方面，消除员工对评价的误解和抵触情绪。

（四）及时反馈

360 度反馈法的主要目的在于反馈和开发。组织应该及时将评价结果反馈给员工，让员工能够在评价结果中发现自己的不足并积极改进，进行自我提升。

（五）良好的组织氛围

360 度反馈法的实施，需要在公开、公正的组织文化背景下开展。同时，只有得到高层领导者的支持，考核工作才能顺利展开。只有组织具备良好的氛围，员工能够客观地观察与评价被评价者，才能得出准确的评价。

五、互联网时代的 360 度反馈法

早期，实施 360 度反馈法存在的困难是信息收集繁杂、数据处理过程费时费力。随着信息技术的发展与广泛应用，有效解决了这一难题。当今，互联网已成为 360 度反馈法的一个常用媒介，360 度反馈可以轻松地以在线方式进行。公司通过使用一个特定的网址或应用软件，让员工可以在线上对其评价对象进行评价，从而减少数据收集的数量以及成本。互联网时代的 360 度反馈法首先是通过电子邮件（或其他方式）向参与评价的人发出工作指南和安排表；员工访问特定网址；评价者选择自己要参与评价的被评价者名单，在一定时间内完成评价，反馈信息；最后汇总结果并形成反馈报告。360 度反馈法从产生至今，已经与人力资源管理的薪酬、招聘、留任与开发等多种功能形成一个整合产品，其作用也从单纯地评价转向更多地用于帮助员工成长，根据被评价者在特定胜任力上的得分进行分析，进而开发学习与发展规划。

第四节　绩效评价的方法

组织均由不同层级构成，所以其绩效考评也是有层次的。一般来说，绩效考核的对象按照组织不同层次可以划分为组织、部门和员工三种类型，组织绩效评价的层次就此划分为组织层面的绩效评价、部门层面的绩效评价和员工层面的绩效评价。早期的绩效管理更多地关注员工层面的考核，通过不同手段区分员工的绩效，从而达到实施奖惩的目的。本节主要介绍运用于员工层面进行考核的方法，下面按照考核标准划分的依据，对不同考核方法进行介绍。

一、绝对考核标准法

绝对考核标准法首先要设定统一的考评标准，将员工绩效与事先确定的绩效标准加以比较，以衡量员工的绩效水平。其特点是考核标准是客观的，不会因为被评价者而发生变化。但是，绝对考核标准法在设计时会花费一定的时间和精力，具有很强的专业性。常见的绝对考核标准法包括图示等级尺度法、关键事件法、行为锚定等级评价法、工作业绩记录法等。

（一）图示等级尺度法

图示等级尺度法（graphic rating scale，GRS）把绩效分成若干评价指标，每个指标都使用连续的或非连续的尺度进行评价，最后汇总出总分，得到最终评价结果。该方法的设计过程包括选指标、定权重、等级和描述四个步骤。

图示等级尺度法的优点表现在：评价结果较客观，节省时间，结果量化，适用面广，并且使用标准化因素比较更容易。缺点是：开发困难，等级划分很难做到准确，项目可能重叠，定义模糊和易受主观因素影响。表9－3为典型的图示等级尺度法的例子。

表9－3　　图示等级尺度法示例

评价要素	描述	权重（%）	员工水平（分）			
			差	合格	良好	很好
责任心	能承担起该职位要求的责任，出现问题时不逃避、推脱责任	30	1	2	3	4
计划性	对自己、下属的工作能够做好计划和安排，使工作有条不紊地进行	10	1	2	3	4
沟通能力	定期与下属进行沟通，能够获得下属信任，可以获取最真实的信息	10	1	2	3	4
协调能力	下属之间、部门之间出现矛盾时，能够及时妥善地解决	15	1	2	3	4
判断能力	对员工的行为表现能够正确判断出对错	10	1	2	3	4
工作态度	认真完成每一项工作内容，不懈怠，不拖延	25	1	2	3	4

（二）关键事件法

关键事件法（critical incident method，CIM）是指评价主体通过平时观察、记录在考核期间员工发生的关键性工作行为，据此评价员工绩效。

关键事件法的优点是：对工作本身的评价以事实为依据，可避免“近因效应”误差，即依据员工在最近一段时间的表现来确定其绩效的好坏；及时反馈，提高员工绩效，不但因为有具体的事实使被评价者更容易接受，而且可以在面谈时对员工提出针对性的意见建议。其缺点是：忽略平时成绩，不适合所有的工作，不能独立使用。关键事件法不适用所有的工作，不能独立使用，可以将其与其他方法一起使用。

（三）行为锚定等级评价法

行为锚定等级评价法（behaviourly anchored rating scale，BARS）是将图示等级尺度法和关键事件法结合起来，对工作中可能发生的可以观察到的典型行为进行描述并评分度量，作为标准进行评价。使用这种方法时，会通过一张登记表反映员工的不同业绩水平，并对员工的工作行为进行描述，以此为据，对员工在工作中的实际行为进行测评打分。表 9 -4 为售货员行为锚定等级评价标准示例。

表 9 -4　　售货员行为锚定等级评价标准

等级	评价标准
六级	为顾客满意退货，顾客又另购其他商品数件
五级	友好地接受退货，顾客满意而去
四级	礼貌地接受退货
三级	理性处理退货
二级	拒绝顾客合理要求
一级	与顾客争吵

行为锚定等级评价法的优点有：员工易于接受，能有效指导员工行为；关注事实，客观；有利于向员工提供反馈，具有指导和监控作用；等级标准具体、明确、量化和更准确。其缺点有：开发成本高，不是所有的工作都适用；需要花费大量的精力和时间对典型工作表现进行描述；对企业基础管理和考核者水平要求高；很难全面反映复杂的实际表现行为。

（四）工作业绩记录法

工作业绩记录法（output record）是指以员工工作中的各项原始记录为依据，通过观察、记录被评价对象在工作过程中的各种事实，进而进行评价的方法。根据具体事实的不同，又分为产出记录法、出勤记录法、业绩报告法。工作业绩记录法适用于那些有明确的产出记录的事项，如考勤记录、产出记录等。该方法的优点是评价标准客观且易于接受；缺点是方法较烦琐，且花费时间。另外，由于并非所有的评价要素都有事实记录，因此该方法只适用于部分工作，在使用时需要有完备的过程信息。

二、相对考核标准法

相对考核标准法，是一种常见的较为简单的评价方法。这种方法不需要事先设定一个考核标准，而是对员工的绩效表现进行相互比较来评价其工作的好坏。相对考核标准法的优点是方法简单，结果也简单明了；缺点是评价结果无法在不同被评价者群体之间横向比较，评价结果有时无法让人信服。常见的相对考核标准法包括排序法和强制分布法等。

（一）排序法

排序法又分为简单排序法、交替排序法和配对比较法三种。

1. 简单排序法

简单排序法是指按员工的绩效表现从高到低的顺序排队。

简单排序法的优点是一目了然，操作方便，省时省力；缺点是只限于同一工种的员工进行排队，容易使员工之间产生矛盾，也不能发现绩效问题所在。

2. 交替排序法

交替排序法是指从被考核者中分别挑选，排列“最好的”与“最差的”，分别列于第一位和最后一位；这样依次进行，直到将所有的被考核人排列完为止，并以优劣排序作为绩效考核的结果。

交替排序法的优点是简便易行，易于操作，过程不复杂；缺点是准确性差，在选择该方法时需要谨慎考虑是否适合被评价者的岗位。

3. 配对比较法

配对比较法也称为两两比较法，是用配对比较的方法决定被考核者的优劣次序。其基本做法为：按照所有的评价要素，将每一位被评价者与所有其他人进行比较，然后将所有人员依据某一类要素进行配对比较，将表现相对较好的被评价者记为“+”，另一名记为“-”，最后将每一位被评价者得到的好的次数相加，“+”越多，名次越靠前（见表9-5）。

表9-5　配对比较法

（a）要素1比较

要素	A	B	C	D	E
A		+	+	-	-
B	-		-	-	-
C	-	+		-	-
D	+	+	+		+
E	+	+	+	-	
评估结果	中	优秀	良	差	合格

（b）全部要素得分汇总

要素	A	B	C	D	E	胜出次数	评估结果
A		0	0	1	1	2	3
B	1		1	1	1	4	1
C	1	0		1	1	3	2
D	0	0	0		0	0	5
E	0	0	0	1		1	4

配对比较法的优点是操作简便，省事省力，比简单排序法更加科学，结果更加合理；缺点是只适用于人数较少时，人数较多时工作量较大。

（二）强制分布法

强制分布法也称为正态分布法、硬性分配法，它是根据正态分布原理（即俗称的“中间大、两头小”的分布规律），预先确定评价等级以及各等级在总数中所占的百分比，然后按照被考核者绩效的优劣程度将其列入其中某一等级。强制分布法的理论依据是正态分布规律，即在目标和资源相匹配且样本足够大的情况下，结果的分布呈正态曲线（见图9-3），该绩效考核方法适用于人数较多的情况（符合统计规律）。

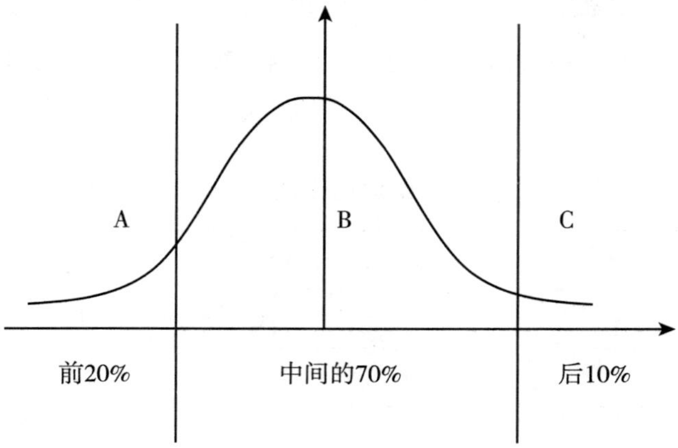

图 9－3 强制分布法示意

例如，某公司实行“3－6－1”分布的绩效制度。优秀、普通、淘汰或准备淘汰员工分别占 30%、60%、10%。也就是说，30% 的员工可以被评为“最好”，60% 的员工为“一般水平”，10% 的员工会被评为“较差”，每次考评，团队的分数都要符合这个“3－6－1”的分布。

通过这样的区分，能够要求管理者区分员工的业绩，并用业绩导向激励员工更努力地工作。因此，根据排名和比例分布，公司会对不同业绩的员工实施不同的激励和淘汰措施。采用强制分布法的公司往往与末位淘汰制一起使用，排名末位 10% 或 5% 的员工会被降级降薪、岗位变换，甚至淘汰。

最著名的实践是美国通用电气公司实施的强制分布，杰克·韦尔奇把这一制度称为“活力曲线”。1981 年杰克·韦尔奇开始担任通用电气公司的 CEO，为解决管理者无法明确区分优劣表现这一长期问题，韦尔奇推行了强制排名。据统计，到 21 世纪初多达 1/3 的美国企业，包括 60% 的《财富》500 强企业，采用了强制排名制度。

强制分布法的优点是：可以确保员工知道自己做得怎么样，从而了解自己在组织中的位置；遵守管理反馈的原则，保证员工对自己的职责负责；绩效等级清晰、操作简便，激励性强。其缺点是：不能确定员工的实际绩效，缺少具体分析；难以具体比较员工差别，也不能在诊断工作问题时提供准确可靠的信息，不利于员工的发展；容易造成内部竞争，损害员工之间的相互协作。进入 21 世纪以来，企业面临的内外部环境不断发生变化，企业对绩效考核的诉求也发生了很大的变化，一些组织开始放弃一年一度的绩效考核和强制分布。

三、总结

（一）两类考核方法的优缺点

绝对考核标准法的优点是：标准比较客观，容易被接受；被评价者可以明确自己与客观标准的差距，有利于发扬优点、克服缺点。其缺点是：不是所有工作都适合采用客观标准，且其客观标准很难做到绝对客观；在制定和掌握评价标准时，也会受到评价者价值取向和经验的影响。

相对考核标准的优点是：适应性强，应用面广；有利于激发评价对象的竞争意识。其缺点是：评价的结果所反映的只是评价对象在一定范围内的相对位置，不一定反映他们的实际水平；易导致激烈的、无休止的竞争，从而挫伤员工的积极性。

总之，绩效考核有许多方法，每种方法都有其本身的特点。这些方法的使用需要根据其本身特点，适应不同组织种类、不同发展阶段和不同工作岗位的需要，实现组织绩效管理目的。

（二）选择考核方法时需考虑的因素

一般来说，选择绩效考核方法时需考虑的主要因素有以下几个。

1. 工作特征

如工作的结构化程度、工作内容的复杂程度、岗位层级的高低和工作目标的可量化度等，这些都会影响绩效考核方法的选择。

2. 设计与执行成本

（1）设计开发成本，指开发这一方法的难易程度。

（2）管理成本，如执行前的预付成本、绩效管理的培训成本、各种书面说明指导书的编写和印制的成本等。

（3）实施应用成本，如考核者定时观察的费用，进行评定、回馈考评结果和改进绩效的成本等。

3. 实用性

任何考核方法，都必须体现实用性的原则要求，即考核方法应充分满足组织绩效管理的需要，能在实际考核中推广应用。例如，一种考核方法看起来设计得十分合理，但在实际应用时却发现有些指标根本无法进行测量和评定或者测量成本巨大，因而难以落地。总之，所设计的考核方法必须切实可行，便于贯彻实施。

4. 工作适用性

适用性是指考核方法与评价岗位的工作性质之间的对应性和一致性，即采用的评价方法能够体现工作的性质和特点。

思考题

1. 绩效考核主体有哪几种类型？对不同主体进行比较。

2. 描述主要绩效考核方法的优缺点及其适用性。

3. 在选择绩效考核方法时需要考虑何种因素？结合实际，解释各个因素是如何影响绩效考核方法的选择的。

案例分析

美国通用电气公司的活力曲线

在绩效管理中，一个非常典型的工具就是强制分布法。强制分布法是指预先确定评价等级以及各等级在总数中所占的百分比，然后按照被考核者绩效的优劣程度将其列入其中某一等级。通过对员工进行绩效评比，然后进行排名，并按照事先确定的等级数量选出表现超乎预期者，给予最多的奖金、升迁机会和培训，大约占总人数的20%；排在中间的70%左右属于符合预期的员工，奖金和升迁机会比前者少；最后10%左右是表现未达预期者，不仅没有奖金和升迁机会，还面临调岗或者离职。美国通用电气公司前首席执行官杰克·韦尔奇凭借该规律运用于员工管理，形成了著名的“活力曲线”。

每年，韦尔奇要求公司为所有的高层领导人员分类排序，要求他们区分出哪些人是最好的20%（A类），哪些人是中间的70%（B类），哪些人属于最差的10%（C类）。

通用电气公司以几乎令人不可想象的速度持续成长了几十年，创造了企业发展史上的奇迹。杰克·韦尔奇被誉为全球第一CEO，从1981年担任通用电气公司CEO开始，到2001年21年的时间使通用电气的市场价值增长了30多倍，在人员管理方面，“活力曲线”的管理方法，让通用电气公司在人才的选拔和任用方面都收到了良好的效果。

韦尔奇认为，进行区分并不总是准确无误的，也可能错失几个明星或后起之秀，但造就全明星团队的可能性大大提高，他认为这是建立一个伟大组织的全部秘密。年复一年，强制区分使得门槛越来越高，从而提高了整个组织的层次。韦尔奇的活力曲线得到公司奖励制度的支持。提高工资、股票期权和职位晋升是奖励的主要内容。韦尔奇认为，A 类员工得到的奖励应该是 B 类员工的 2～3 倍；对 B 类员工，每年也要确认他们的贡献，给予奖励；对于 C 类员工，什么都不应当得到，而且可能会被淘汰。

资料来源：《［老钟论道］全球第一 CEO 杰克·韦尔奇的“末位淘汰”是野蛮行径?》，MBA 智库百科，2018 年 6 月 13 日。

问题

1. 如何评价美国通用电气公司的活力曲线?
2. 强制分布法有哪些优点与不足?
3. 如今一些企业放弃强制分布的原因是什么?

第十章

绩效管理实施的一般流程

【学习目标】

1. 理解绩效管理是一个过程。
2. 认识绩效管理过程中不同环节的作用及其相互联系。
3. 掌握绩效管理各个部分的主要工作。
4. 正确实施绩效管理流程。

绩效管理体系确定以后，如何贯彻落实并确保在组织内有效运行十分关键。绩效管理是一个连续的管理过程，它包括几个关键的环节，主要有：绩效计划、绩效监控、绩效评价、绩效反馈以及绩效改进等，这几个部分之间存在严格的衔接与支持关系，一个环节出问题就会导致整个绩效管理体系难以达到预期的效果。图 10－1 为绩效管理的一般流程示意。

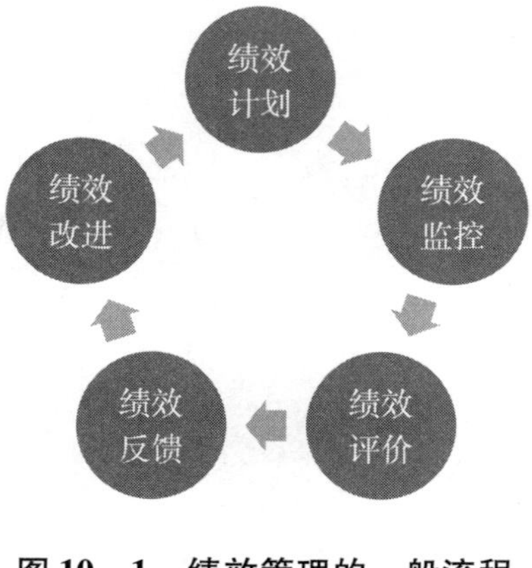

图 10－1　绩效管理的一般流程

第一节　绩效计划

一、绩效计划简介

（一）绩效计划的定义

绩效计划是指确定组织对员工的绩效期望并得到员工认可的过程。一般程序是从公司层面开始，将绩效目标层层分解到各级子公司或部门，并落实到个人。绩效计划是绩效管理的开始，是绩效管理的一个关键步骤。

在绩效计划制订的过程中，企业的最高管理层首先要确定整个企业的绩效目标。这些目标会被传达和分解到下一级管理层，这一层级的管理者根据自己部门的职责，明确为了帮助企业达到这些目标自己应当实现哪些目标、完成哪些工作任务。这些目标确定过程依次传递和分解，直到企业中的所有员工都确定了能够帮助公司实现总目标的个人目标和需要完成的任务为止。而这些目标就成为对企业的每一位员工个人工作绩效进行评价的标准。

（二）绩效计划制订的原则

1. 绩效计划必须与组织战略相关

战略性绩效管理的目的是帮助组织实现其战略目标，因此，绩效计划环节中，必须以战略目标为依据，确保各层级、各部门的计划目标与战略目标保持一致。

2. 绩效计划应当面向评价

计划的制订应该有明确的评价标准，以便于控制、衡量计划的完成情况。如果不能衡量计划的实施，则难以监控与保证计划的落实。

3. 绩效计划的制订需要员工的参与和承诺

绩效计划过程是在各层级、各部门之间分配组织任务的过程，为了便于计划的落实，必须确保全体员工理解组织的战略目标，以及实现战略目标过程中不同部门、不同岗位应该承担的任务。同时，好的计划制订过程必须确保管理者与下级之间就绩效目标、绩效标准、行动方案等达成共识，并积极承诺完成。

（三）绩效计划的特征

1. 绩效计划是关于工作目标与标准的契约

在对绩效进行评价之前必须能够就绩效本身的内涵及其优劣达成一致的标准，以避免在绩效评价过程中产生争议和矛盾。

2. 绩效计划的制订是管理者与员工的双向沟通过程

建立绩效契约的过程是一个双向沟通的过程。绩效计划不仅意味着落在纸面上的契约，达成这个契约的过程也非常重要。

3. 绩效计划的制订是全员参与的过程

绩效计划中应充分体现的一个原则就是员工参与。

（四）绩效计划的类型

1. 按责任主体划分

绩效计划按责任主体一般可分为公司绩效计划、部门绩效计划和个人绩效计划三个层次。

2. 按周期划分

绩效计划按周期可以分为年度绩效计划、季度绩效计划和月度绩效计划。

（五）绩效计划的内容

绩效计划应该清楚地说明期望员工达到的结果，以及为达到该结果所期望的行为与技能。因此，一般包括以下内容。

（1）绩效目标：绩效周期内所要达到的预期工作目标（量化与非量化）；

（2）绩效指标：工作结果的测量方法；

（3）评分标准：指标的计分方法、时间期限；

（4）评价主体：指标统计的计分来源，从何处获得员工工作的信息；

（5）考评周期：指标的时间要求；

（6）其他相关问题，如技能、知识、培训等，以及员工完成任务拥有哪些权利、可以使用哪些资源。

绩效计划的制订是一个将阶段性的目标与员工的岗位职责有机结合起来的过程，绩效目标的开发是绩效计划中的核心部分，合理的绩效目标设定在很大程度上决定了绩效管理的成功与否。

二、制订绩效计划的程序

绩效计划的制订一般由以下步骤构成。

（一）准备阶段

准备阶段的任务包括工作分析、目标分解以及确定目标和标准。首先对总体目标进行分解，并确定公司部门的考核标准；其次进行工作分析，确定目标岗位的关键职责及其内容；最后形成员工的绩效指标与目标。

1. 绩效目标的确定

绩效目标是对员工在绩效考核期间的工作任务和工作要求所做的界定，这是对员工进行绩效考核时的参照系。

一般绩效目标有三级。

（1）最低目标：门槛目标，即组织最低可以接受的绩效，出现这一数值时组织会遭受损失。因此，如果低于这一数值，得分应为0分。目的：告诉员工，最低应该做到什么程度，防止员工过分地降低绩效水平。

（2）考核目标：组织的正常期望，即70%的人通过正常的努力可以达到的目标。当达到这一目标时，可以得到项目分配分值的100%，如果大多数人通过努力都不能实现，那么目标设计有问题。

（3）最高目标：有可能实现的目标，但难度较大。当达到这一目标时，得分应该为项目分配分的120%或150%。目的：增加挑战性，调动积极性。

2. 绩效目标设定原则

目标的确定一般应符合SMART原则，即具体性（specific）、可测定性（measurable）、可获得性（attainable）、相关性（relevant）、时间性（time-bound）。

3. 绩效目标设定的依据

绩效目标的设定很关键，目标太低会缺乏挑战性，目标定得过高又会导致员工失去信心。一般来说，确定目标时会考虑以下几个方面的信息。

（1）内部历史数据：前一年的绩效、过去2～3年的绩效平均值。根据过去的记录来确定现在应该达到的目标，往往是内部可控制的项目。

（2）外部竞争数据法：参考同行业其他公司的水平。强调根据市场竞争的需要来确定。往往公司不可控制，但必须符合市场的需要。

（3）企业目标法：根据企业自己的目标来确定。

（4）国家标准或法律规定。

（5）公司目前所处的现状。

（6）顾客的要求。

总之，目标制定是量化考核的关键。为了让员工了解组织可以接受的最低限度，应有最低目标；为了激励员工改进绩效，应有最高目标；为了让大多数人都能完成，应有考核期望的目标。

（二）绩效目标的沟通阶段

沟通阶段的任务为就拟订的绩效指标与目标同员工进行沟通，并达成共识。现代绩效管理强调员工参与和正式承诺的重要性，当人们亲身参与了某项政策的制定过程时，人们一般会倾向于坚持立场。因此，绩效目标的设定应注重员工的意见及其认可，有效的沟通是基本的手段。

绩效沟通的主要内容包括：绩效管理的主要目的是什么，绩效管理对组织、部门及个人有什么好处，公司采用的绩效管理方法，组织的相关信息，员工提供初步的绩效计划与行动方案。

（三）确认阶段

确认阶段的任务为获得员工的认可与承诺，并最终形成绩效任务书。绩效管理的目的是帮助组织、部门和个人朝着一个共同的目标努力，因此，经过个人确认的目标充分尊重了员工的意见，促使员工为实现所承诺的目标而努力工作。某公司员工绩效任务书如表 10－1 所示。

表 10－1　　某公司员工绩效任务书

姓名		岗位		部门		考核时间： ××.1.1—××.12.31
考　核　内　容						
一、目标任务指标（80 分）						
序号	考核指标		分值	目标值	指标定义及计算公司	评价标准
1	业绩指标	业绩指标 1				
……		……				
……	工作任务指标	工作任务 1				
……		……				

续表

姓名		岗位		部门		考核时间：××. 1. 1—××. 12. 31
二、综合评价（20 分）						
序号	评价指标	权重	评价标准（考核得分 = ∑级别分 × 指标权重）			
			Ⅰ级（0 ~ 3 分）	Ⅱ级（4 ~ 10 分）	Ⅲ级（11 ~ 16 分）	Ⅳ级（17 ~ 20 分）
1	考勤	50%	无故缺勤 迟到早退	按规出勤 基本履职	全勤敬业 任劳任怨	甘于奉献　努力超越
2	工作态度	50%	缺乏自律 推诿敷衍	新意守纪 工作踏实	遵章守纪 工作主动	以身作则　勇挑重担
双方确认签字						
绩效经理人： 签订日期：　　年　　月　　日				被考核人：		

第二节　绩效监控

在制订了绩效计划之后，就进入绩效计划的实施过程，绩效管理进入实施阶段的绩效监控过程。

一、绩效监控的定义

绩效监控是指通过持续不断的绩效沟通、指导与检查，帮助员工实现绩效目标，同时收集绩效信息以形成考核依据的过程。绩效监控的重点是绩效计划的实施情况。监控是一个持续的沟通过程，监控的主要任务是提供绩效辅导、收集绩效信息。

二、绩效监控的目的

（1）对员工实施绩效计划的过程进行有效的管理。

（2）前瞻性地发现问题并在问题出现之前解决。

（3）把管理者与员工紧密联系在一起，达到共同进步和共同提高。

三、绩效监控的作用

（1）了解员工工作的进展情况，以便于及时进行协调调整。

（2）了解员工工作时碰到的障碍，帮助员工解决困难，提高绩效。

（3）发现绩效计划进度中的异常，便于及时调整；可以通过沟通避免一些考核时意外的发生。

（4）掌握一些考核时必须用到的信息，使考核有目的性和说服力。

（5）帮助员工协调工作，使之更加有信心地做好本职工作。

（6）提供员工需要的信息，让员工及时了解自己的想法和工作以外的改变，以便管理者和员工步调一致。

四、绩效监控阶段的主要内容

（一）绩效沟通

绩效沟通是指管理者和员工共同工作以分享有关信息的过程。信息包括工作进展、困难、措施以及需要管理者提供什么帮助等。绩效沟通是后续绩效辅导过程的前提，在绩效实施阶段进行绩效沟通的目的包括：（1）员工汇报工作进展或就工作中遇到的障碍向主管求助，寻求帮助和解决办法；（2）主管人员对员工的工作目标和工作计划之间出现的偏差及时进行纠正。由于市场环境千变万化，企业的经营方针、经营策略也会出现不可预料的调整，随之变化的是员工绩效目标的调整。

绩效沟通的主要内容有：（1）了解工作进展及员工的努力程度；（2）需要改进的环节及措施；（3）对员工工作与目标之间的偏差进行纠正；（4）需要管理者提供何种支持；（5）是否有外界因素干扰。

绩效沟通的方式一般有以下两种。

（1）正式沟通。正式沟通包括书面报告和定期会面交流两种形式。书面报告是指下级定期向上级提交工作汇报，以便上级及时了解工作进展以及遇到的问题，便于后续工作的开展。书面报告的优点是节约时间、信息量大；缺点是容易流于形式。

定期会面交流也是一种常见的正式沟通的形式，包括以下两种方式。一是“一对一”面谈。优点是沟通程度较深、气氛融洽、产生互动；缺点是容易带有个人色彩、不适宜团队。二是团队会议。优点是方便易行，且便于团队成员相互了解；缺点是时间长、不够深入，以及存在选择性过滤问题。因此，团队会议需要事先进行设计，以避免无效沟通与时间上的消耗。

（2）非正式沟通。非正式沟通是指正式沟通以外的其他沟通形式，包括走动式管理、开放式办公、工间休息、非正式的会议等。其优点是灵活、效率高、有激励作用；缺点是缺乏严肃性，不适宜所有情况。

绩效实施过程中的沟通应该贯穿于绩效管理的始终，需要持续不断地进行。在员工表现优秀的时候给予及时的表扬和鼓励，以扩大正面行为所带来的积极影响，强化员工的积极表现，给员工一个认可工作的机会；在员工表现不佳、没有完成工作的时候，也应及时真诚地予以指出，以提醒员工改正和调整。

（二）绩效辅导

绩效辅导是指通过持续不断的绩效沟通、指导帮助员工实现绩效目标，同时收集绩效信息以形成考核依据的过程。

绩效辅导是管理者和员工共同工作以分享有关信息的过程，是绩效管理过程的中间环节。其目的是了解问题并及时给予帮助，同时也是对员工工作的一种激励。

在这一阶段，上一级管理者与员工要开诚布公地沟通、交流，针对员工工作上的优点和缺点能够及时交换意见，这不仅有利于员工的工作达到预期的要求，而且有利于员工和上级之间融洽关系，有利于员工接受最终的绩效评价结果。主管应通过观察下属的行为，并对其结果进行反馈——表扬和批评，来帮助其改善业绩。

绩效辅导的主要内容有：（1）对下级工作中遇到的问题提供帮助；（2）对下级进行激励，激发其努力完成工作目标。

（三）收集绩效信息

收集绩效信息是指有组织地、系统地收集员工、活动和组织绩效的过程。管理人员收集、观察以及记录员工的重要业绩表现，其中既包括好的表现，也包括不良的表现。对目标达成情况、员工受到的表扬和批评、记录绩效情况的具体证据、同员工谈话的记录等都要收集，必要时让员工签字。这种绩效记录对于将来的绩效反馈面谈、对员工进行奖惩甚至解雇都是非常重要的事实依据。

收集绩效信息能够为考核者提供绩效评价的事实依据，提供一份以事实为依据的员工工作情况的记录，便于及时发现问题、提供解决方案，也可以为下级提供改进绩效的有力证据。

第三节 绩效评价

一、绩效评价简介

（一）绩效评价的定义

绩效评价是指收集绩效信息、进行绩效测量，并把团队或员工的实际绩效与期望的绩效标准进行比较的过程。在绩效管理过程中，评价是一个连续的过程，是依据设定的评估方法和标准进行的正式评价。

绩效评价是绩效管理的核心内容。在这一阶段，需要管理者、员工以及相关人员共同完成评价。这一阶段的主要工作是收集计划期内的绩效信息，由评价主体进行评价，给出评价结果。

（二）绩效评价的原则

1. 准确性

在绩效评价阶段，如何保证并提高绩效评价的精度是一个极为重要的关键问题。正确的绩效评价结果有利于人事决策的科学性，能有效地激励员工、鼓舞士气；不准确的绩效评分，不但会造成决策上的失误，严重挫伤员工的积极性，还会引起员工较大幅度的流失，给企业正常的生产活动带来极为不利的影响。影响准确性的因素包括考评主体的选择、评价标准设定及评价程序等。

2. 公正性原则

在确保绩效评价准确性的同时，还应当重视绩效评价的公正公平性。带有偏见、缺乏公正公平性的评价，可能令员工滋生不良的思想情绪，还会对以后的绩效管理活动产生严重的影响。公平包括四个方面：（1）结果公平：评估结果与其付出是否一致；（2）程序公平：员工所感知的考评结果取得过程的公平性；（3）互动公平：与他人之间互动的质量，包括相互对待和解释等行为；（4）信息公平：员工对绩效目标、得到的反馈等是否有公平的感知。

3. 结果公开原则

绩效评价结果应对本人公开，这是体现绩效评价激励作用的重要手段。一方面，可以使被考核者了解自己的优点和缺点、长处和短处，从而使考核成绩好的人再接再厉，继续保持先进；也可以使考核成绩不好的人心悦诚服，产生努力工作的压力。另一方面，还有助于防止考核中可能出现的偏见以及种种误差，以保证考核的公平与合理。

4. 结合奖惩原则

绩效评价的结果应与组织各种奖惩制度联系起来，发挥绩效评价机制的作用。有效的绩效管理应该使评价结果与员工的升迁、留任、薪酬等直接挂钩，这样才能达到考核的真正目的。

5. 反馈原则

考核的结果要反馈给被考核者本人，否则就起不到考核应有的作用。在反馈考核结果的同时，应当向被考核者就考核结果进行说明解释，肯定成绩和进步，说明不足之处，提供今后努力的参考意见等。

6. 差别原则

考核的等级之间应当有鲜明的差别界限，不同的考核评语在薪酬、晋升、使用等方面应体现明显差别，否则难以发挥其激励作用。

7. 可靠性与有效性原则

可靠性又称信度，是指某项测量工具的一致性和稳定性。绩效管理的信度是指绩效管理方法保证收集到的人员能力、工作态度、工作行为、工作绩效等信息的稳定性和一致性，它强调不同评价者对同一个人或同一组人评价的结果应该大体一致。如果绩效管理因素和绩效管理尺度是明确的，那么考核者就能够在同样的基础上评价员工，从而有助于改善绩效管理的可靠性。

有效性又称效度，是指某项测量工具有效地反映其所测量内容的准确程度。绩效管理的效度是指测量员工的工作能力、态度、行为与成果的准确性程度。效度在很大程度上与评价指标的选择以及评价主体的选择有关，客观、准确、全面地评价员工的工作绩效有利于最大限度地调动员工的积极性、主动性和创造性。

可靠性与有效性是保证绩效管理科学性的充分必要条件。一个绩效管理体系要想获得成功，就必须具备良好的信度和效度。

二、实施绩效评价

（一）收集绩效信息

绩效评价环节的核心内容是对被考核者打分，从不同角度收集被考核人的绩效信息，往往采用评价表的形式进行，最后汇总得出被考核者的总成绩。

绩效评价表通常由以下几个部分构成：（1）员工基本信息；（2）结果指标和评价标准；（3）胜任力及其行为指标与评价标准；（4）主要成果与贡献；（5）个人开发成果；（6）开发方面的需要、计划与目标；（7）签字（见表 10－2）。

表 10－2　　　　绩效考核表的一般内容

序号	内容
1	员工基本信息
2	结果指标和评价标准
3	胜任力及其行为指标与评价标准
4	主要成果与贡献
5	个人开发成果
6	开发方面的需要、计划与目标
7	签字

资料来源：［美］赫尔曼·阿吉斯，《绩效管理》（第三版），刘昕等译，中国人民大学出版社 2013 年版。

绩效考核表的内容可能因组织不同而不同，也因组织考核目的的不同而有所不同。赫尔曼·阿吉斯（2013）认为，虽然内容有所不同，但是一份绩效考核表需要符合以下几个特征：（1）简单性，即内容清晰且简洁，易于快速完成；（2）相关性，即包含的都是与工作职责直接相关的内容；（3）描述性，即描述足够清晰，使他人易于理解表格中的信息；（4）适应性，即允许不同部门或不同职能的管理人员根据特殊需要进行修改；（5）全面性，即应当包含整个绩效评价周期内有关的主要活动。表 10－3 为人力资源部绩效专员考核指标的示例。

表 10－3　　　　某公司绩效专员绩效考核表

<table>
<tr><td>被考核者</td><td></td><td>职位：</td><td>考核日期</td><td colspan="4"></td><td></td><td></td></tr>
<tr><td rowspan="3">考核维度</td><td rowspan="3">考核指标</td><td rowspan="3">考核要点</td><td rowspan="3">权重</td><td colspan="4">评分标准(除 10 分外均不含上限)</td><td rowspan="3">自评得分</td><td rowspan="3">他评得分</td></tr>
<tr><td>10～9.0</td><td>9.0～6.0</td><td>6.0～3.0</td><td>3.0～0.0</td></tr>
<tr><td>优秀</td><td>良好</td><td>中等</td><td>不合格</td></tr>
<tr><td rowspan="2">工作业绩70%</td><td>建立公司绩效考核体系</td><td>公司绩效考核体系的合理性、可行性、科学性、激励效果</td><td>20%</td><td>超出要求</td><td>完全符合要求</td><td>基本符合要求</td><td>未达到要求</td><td></td><td></td></tr>
<tr><td>考核成本控制</td><td>实际考核资金使用量占预算资金的比重（考核成本/预算考核成本×100%）</td><td>15%</td><td>预算80%以下</td><td>预算80%～99%</td><td>预算100%～110%</td><td>预算110%以上</td><td></td><td></td></tr>
</table>

续表

被考核者		职位：	考核日期						
考核维度	考核指标	考核要点	权重	评分标准（除10分外均不含上限）				自评得分	他评得分
				10～9.0	9.0～6.0	6.0～3.0	3.0～0.0		
				优秀	良好	中等	不合格		
工作业绩70%	考核工作的有效控制	协助经理实施公司考核计划，对绩效考核工作开展进行控制、监督、指导，及时解决其中出现的问题	15%	超出要求	完全符合要求	基本符合要求	未达到要求		
	资料收集	绩效考核相关资料的收集和整理	10%	超出要求	完全符合要求	基本达标	未完成		
	提出建议的采用率	被采用的建议占所提意见的百分比（采用的建议数/建议数的总量×100%）	10%	90%以上	80%～89%	60%～79%	60%以下		
工作能力20%	绩效考核工作操作能力	熟悉各种绩效考核方法和绩效考核流程的管理	10%	非常熟悉	熟悉	一般熟悉	不熟悉		
	创新能力	提出新的、符合公司发展的绩效考核政策	5%	善于创新	较能创新	偶有创新	不善创新		
	软件操作能力	熟悉使用相关办公软件和人力资源管理的软件	5%	非常熟悉	熟悉	一般熟悉	不熟悉		
工作态度10%	团队合作性	与部门间的合作满意度（见部门合作满意度调查问卷）、同事间的合作满意度（见同事间合作满意度调查问卷）	5%	非常满意100%	满意90%～99%	基本满意80%～89%	不满意80%以下		
	工作的责任心	工作中对工作的负责程度	5%	非常负责	比较负责	基本负责	不负责		

（二）汇总绩效评价总分数

当评价主体是两个或两个以上时，需要对不同主体的评价成绩进行汇总处理，计算最后得分。由于不同评价主体对被考核者的重要性不同，因此往往会有权重设计，这时需要根据不同评价主体所占权重进行汇总。

例如，某公司中层管理人员的考核主体与权重设计如下：直接主管（营销副总经理或总监）占60%；同事（其他部门经理）占15%；直接下属（下属主管与一般员工）占15%；财务部门（费用控制考核）占10%。把不同考核主体的分数进行加权计算后便得到被考核人的总得分数。

（三）确定绩效评价等级

根据考核制度对考核等级的界定，确定员工的考评等级（见表10－4）。

表10－4　　绩效等级划分

等级	分值区间	标准
A	95分以上	远远超过了绩效考核目标要求，有创造性，大大高于期望水平，非常胜任工作
B	80～95分	较多地方超出了绩效考核目标的要求，胜任工作，令人满意
C	65～80分	达到了任职资格
D	50～65分	低于期望水平，未达到要求，不能胜任工作，需加以改进和提高
E	50分以下	表现大大低于期望水平，与期望要求还有较大差距，有很多问题与不足，需努力改进和提高

三、绩效评价中常见的误差

绩效评价工作需要评价主体的参与以及打分，而评价主体往往会受主观因素的影响导致评价出现误差。在绩效评价中评价主体可能出现的误差有以下几种。

（一）近因效应

近因效应是指绩效评价结果主要受评价周期中被考核人近期行为表现等信息的影响而产生的评价误差。由于评价主体更多地对近期发生的事件或结果印象更深，导致其忽视了对评价周期其他阶段信息的关注。

（二）首因效应

首因效应是指评价主体由于对评价客体在评价初期形成的第一印象，影响其对整个评价周期绩效评价的客观性与公平性。即评价主体一旦对被评价者作出了好的或不好的判断之后，就会忽视之后的信息。

（三）晕轮效应

晕轮效应又称光环效应，是指当认知者对一个人的某种特征形成好或坏的印象后，他还倾向于据此推论该人其他方面的特征。例如，在绩效考核中，评价者可能会根据被评价者在人际关系上的突出表现而推断其在其他维度上的表现，由此产生的误差就是晕轮效应造成的。

（四）宽大化误差和严格化误差

宽大化误差和严格化误差，也可称为过宽和过严的误差。过宽误差主要是指考评者在评估时对大部分被评价者给出高于实际绩效的评价，即高分；过严误差是指考评者在评估时对大部分被评价者给出低于实际绩效的评价，即低分。宽大化误差和严格化误差都可能是一种有意的误差，一般来说主管在对下级进行评价时可能会存在这种情况。过宽评价的原因可能是利于员工获得绩效奖金或加薪的可能性以激励员工努力工作，避免与员工产生对抗，或者把不受欢迎的员工晋升出去等。过严评价的原因可能是希望据此警醒员工，希望员工离开本部门等。

（五）中心化倾向（居中趋势误差）

中心化倾向又称为折中主义，是指评价者对一组评价对象做出的评价结果比较集中在评价尺度的中心附近，导致评价成绩没有明显的差距。这种误差也是一种有意的误差，评价者的意图可能是不想得罪下级，然而这一误差导致不能区分出绩效优秀与落后者。

（六）刻板印象

刻板印象是指人们对某一类群体产生的比较固定、概括而笼统的看法，由此产生的评价误差。在绩效评价中，评价者可能会根据被考核人的性格特点、籍贯等进行简单归类，从而使评价结果与实际绩效产生偏离。

（七）溢出效应

溢出效应是指因评价对象在考评期之外的绩效现状而影响该评价周期的评价结果。

例如，一位主管可能会断定，前几个周期的绩效评价结果都为优秀的员工在本期的绩效结果也会是优秀的。

为了避免评价主体的评价误差，可以采取适当的措施。(1) 培训评价者。评价者本身对系统的理解十分重要，为此，在实施绩效管理体系之前，加强对考评者的培训，使其对体系的目的、意义、评价技巧能够透彻理解并熟练掌握，从而避免可能的误差出现。(2) 清晰界定评价指标，减少评价主体对指标理解上的模糊性。(3) 有条件的情况下，可以采用强制分布法避免中心化、过宽或过严的情况。

第四节 绩效反馈

一、绩效反馈简介

(一) 绩效反馈的含义

绩效反馈是指与员工就考核的结果进行沟通并达成一致意见，以及对被考核者的行为产生影响的过程。

绩效反馈是绩效管理过程中的一个重要沟通环节，它是绩效考核的延续，能否达到绩效评估的预期目的，取决于绩效反馈的实施效果。绩效考核的积极目的是使员工了解业绩目标与企业之间的关系，只进行绩效考核而不进行反馈，就会失去绩效考核的作用。因此，绩效反馈不仅是主管和下属对绩效评估结果进行沟通并达成共识，而且要分析绩效目标未达成的原因，从而找到改进绩效的方向和措施。

通过反馈评价信息，促进员工的发展，帮助员工认识和利用自身全部潜能来提高工作业绩，才能达到考核的目的。而绩效反馈在这个过程中，起到了极为重要的作用。

近年来很多敏捷组织中出现的绩效管理新趋势之一，就是强调绩效管理不应该是一年一次或几次的一个活动，而应该是贯穿一年始终的、实时的管理流程。通过强调绩效的实时反馈，很多公司改革了原有的绩效管理模式，绩效管理变成了一种持续的、开放的，以团队或员工为中心并转而注重员工职业发展的一个流程，绩效反馈也是实时贯穿其中的一项重要活动。

(二) 绩效反馈的目的

1. 让员工了解自己是否达到所定的目标，行为态度是否合格

绩效考核的主要目的是给予员工公正的绩效反馈。因此，上级必须通过绩效考核来客观、准确地表达自己的判断，传送明确的信息。绩效考核的积极意义在于：通过积极、良性的互动来帮助员工清醒地认识到自己的成绩和不足，促使其努力提高工作绩效。

通过对员工绩效评价结果的沟通，使员工明确其绩效表现在整个组织中的大致位置，激发其改进现在绩效水平的意愿。在沟通这项内容时，主管要关注员工的长处，耐心倾听员工的声音，并在制定员工下一期绩效指标时进行调整。

2. 让管理者和员工双方达成对评价结果一致的看法

帮助员工正确认识自己的绩效考核结果是绩效反馈的目的之一，尤其是对绩效评价结果不理想的员工。只有员工接受绩效考核的结果，才能进一步改善其工作绩效。因此，要耐心听取员工的意见，同时要善于解释评价的合理性。如果发现确实存在不合理的评价结果，就要客观地进行纠正。

3. 管理者和员工共同探讨绩效评价未合格的原因并制订绩效改进计划

绩效管理的目的是通过提高每一位员工的绩效水平来促进企业整体绩效水平的提高。因此，在对员工进行过程指导时要记录员工的关键行为，按类别整理，分成高绩效行为记录与低绩效行为记录。同时，通过对低绩效行为的归纳与总结，准确地界定员工绩效差距，并反馈给员工，以期得到改进与提高。

4. 管理者向员工传达组织的期望

双方对绩效周期的目标进行探讨，最终形成下一个绩效合约。进一步开发员工潜能，帮助员工认识和利用自身全部潜能来提高工作业绩。

绩效反馈既是上一个绩效考核周期的结束，同时也是下一个绩效考核周期的开始。在考核的期初明确绩效指标是绩效管理的基本思想之一，需要主管与员工共同制定。在确定绩效目标时一定要围绕上一个考核周期存在的不足和下一计划期的关键指标进行，以便于员工绩效的改进。

（三）绩效反馈的基本原则

（1）具体（specific）：有针对性地具体提出表扬或批评。

（2）激励（motivate）：多肯定优点和长处，尽量少批评。

（3）行动（action）：注重员工的行为表现，而非其人格特质。

（4）原因（reason）：找出绩效问题的原因，以便采取措施改正。

（5）信任（trust）：建立和维护彼此之间的信任。

二、绩效面谈

(一)绩效面谈简介

绩效面谈是指管理者就上一绩效考核周期中员工的表现和绩效评价结果与员工进行正式面谈的过程。

管理者和下属一起就下属一段时期以来的工作表现和工作绩效进行沟通，讨论工作成绩、工作不足、工作改进建议以及下一步的工作重点等，并在管理者和下属之间就这些方面达成一致的双向交流过程。

进行绩效面谈的目的包括以下几个方面。

(1)既是对员工的尊重和激励，又可以帮助管理者强化员工已有的正确行为。

(2)可以帮助管理者及其下属有机会通过制订绩效改进计划来克服在工作过程中的低效率行为。

(3)管理者可根据员工已经表现出来的优点和弱点，制订员工的培训和个人职业生涯发展规划，面谈提供了一个绝好的机会。

(二)绩效面谈实施步骤

1. 绩效面谈的准备工作

(1)收集整理绩效考评资料。主要包括以下几种。

① 绩效任务书。这是和员工共同的承诺，是共识的结果，也是绩效管理整个过程的依托。

② 职位说明书。职位说明书是绩效面谈的一个补充。员工的工作有可能在过程当中发生改变，可能增加一些当初制定绩效目标时未能预料到的内容，也有可能一些目标因为一些原因没能组织实施，那么，职位说明书作为重要补充将发挥重要作用。

③ 绩效考评表。在绩效反馈时需要员工签字认可，表明员工接受考评的结果。

④ 日常绩效记录。即平时管理活动中在跟踪员工绩效目标时记录的内容，这些是绩效评价的重要辅助资料，是既成事实的证据。

(2)确定面谈时间、地点。一般来说，主管需要“一对一”进行面谈，所以必须有一个统筹的安排，根据自己的工作安排，与员工进行适当的沟通之后，拟订一个行之有效的面谈计划，并将计划告诉员工，让员工有一个心理和行动上的准备。

(3)选定和布置面谈场所。面谈应该在一个无打扰的环境中进行，不应该被电话和外来人员打断，只有这样面谈才能获得更佳的效果。

（4）确定面谈的方式。面谈的过程更加重要，所以在面谈过程中要注意方式、方法，使面谈在融洽的气氛中进行，在愉快告别中结束，真正起到帮助员工提高的目的。通常一个员工的绩效表现有正反两个方面，有表现优秀值得鼓励的地方，也有不足须加以改进之处，所以反馈也应该从正反两个方面着手，既要鼓励员工发扬优点，也要鞭策员工改进不足。

（5）区分面谈对象。在表扬绩效优秀的员工时一定要具体，对员工所做的某件事有针对性地具体地提出表扬，而不是笼统地说员工表现很好。对绩效结果不佳的员工，客观准确地描述员工的行为所带来的后果，员工自然就会意识到问题所在，不宜对员工多加指责，否则只能僵化与员工之间的关系，对面谈结果无益。

2. 面谈过程

面谈过程中需要注意以下几个方面。

（1）创造良好的面谈氛围。与员工面谈时座位的安置以斜对或并肩为好。在员工到来时要先握手、再微笑让座（递上一杯热茶，关闭自己的手机）；以赞扬和鼓励的话题打开局面。

（2）进行绩效考核结果沟通、绩效现状反馈。告知员工绩效考核结果，并与下级就评价结果进行沟通。目的是使管理人员和员工对员工的绩效考核结果达成共识，使员工接受绩效评价结果。

（3）与被考核者探讨取得成绩的原因或分析存在的问题。对于绩效考核优秀的员工，进一步分析取得成绩的原因以便员工继续发扬这些优点；而对于绩效结果不佳的员工，则帮助分析存在的问题，以便指出其问题所在和进一步努力的方向。

（4）告知奖惩。按照绩效任务书的约定，明确告知员工可能的奖励或惩罚。

（5）表明要求与期望。通过阐释对下级的绩效期望，一方面让员工了解应该努力的方向；另一方面让员工了解主管的期望也能帮助员工建立自信，知道主管对自己价值的认可。

（6）帮助员工制订改进计划。为了帮助员工改进绩效，既需要员工本人的努力，也需要主管的支持与帮助。因此，针对员工可能存在的问题，最后双方达成一个一致的绩效改进方案。

绩效反馈面谈结束后，通常要求员工和管理者在绩效评价结果上签字，此后，绩效评价结果才能被最终运用于加薪以及奖金发放等方面。很多企业预先制定了申诉程序，如果有些员工对自己所得到的绩效评价结果有不同意见，可以在一定时间内通过该程序谋求分歧的解决。表 10 – 5 为常见的绩效面谈表示例。

表 10 – 5　　　　绩效面谈表

部门/分部/处室		面谈时间	
被考核者	姓名：	岗位：	
主管	姓名：	岗位：	
1. 本人在本评价期内所完成工作的回顾及客观评价（含工作内容、进展与成效、不足与改进、工作成果评价、未完成的工作内容及原因分析等）			
2. 员工在下一个评价期的工作目标、工作计划/工作安排、工作内容或上级期望			
3. 为更好地完成本职工作和团队目标，员工在下一阶段需要努力和改善的绩效，直接主管的期望、建议、措施等			
4. 员工对部门（公司）工作的意见/建议、不满/抱怨、工作/生活/学习中的烦恼和困难以及希望得到的帮助/支持/指导			
5. 以上面谈提纲中未涉及的其他面谈内容			

第五节　绩效考核申诉

一、绩效申诉简介

（一）绩效申诉的定义

绩效申诉是为了使绩效考核做到公开、公正、合理而设定的特殊程序。申诉处理部门为人力资源部。申诉的领导部门为绩效评审领导机构。绩效评审领导机构是一个由高层领导和专家、专业人员组成的非常任的工作小组，定期开展活动（如每个月开展一次活动），承担起绩效管理的决策、监督评审考评结果的工作任务。

绩效申诉制度的目的是对考评者给予必要的约束和压力，避免个别考评者不公正对待考核问题，可大大减少内部矛盾和冲突。（1）允许员工对绩效考核的结果提出异议，他们可以就自己关心的事件发表意见和看法；（2）给考评者一定的约束和压力，使他们慎重从事，在考评中更加重视信息的采集和证据的获取；（3）减少矛盾和冲突，防患于未然，尽量减少不利的影响。

（二）主要功能

作为绩效管理系统子系统的申诉系统的主要功能包括：（1）监督各个部门的领导者有效地组织员工的绩效考核工作；（2）针对绩效考核中存在的主要问题，进行专题研究，提出具体的对策；（3）对员工考核结果进行必要的复审复查，确保考核结果的公平和公正性；（4）对存在严重争议的考核结果进行调查甄别，防止诱发不必要的冲突。

二、绩效申诉问题的处理

被考核人如果对考核结果有异议，可以采取书面形式向人力资源部进行申诉，绩效管理委员会是员工考核申诉的最终机构。人力资源部在接到员工投诉后，一般应在制度规定的时间内作出是否受理的答复。针对受理的申诉事件，人力资源部首先要对申诉内容进行调查，然后进行协调与沟通，并在规定时间内给申诉人明确的答复。

处理员工绩效申诉应注意以下几个问题：（1）认真分析员工提出的问题，找出申诉问题的原因；（2）把处理申诉问题作为增进互动的过程和完善绩效管理体系的机会；（3）处理考核申诉，应该把能让申诉者信服的结果告知员工。

思考题

1. 如何制订绩效计划？
2. 如何设定绩效目标？
3. 为什么要进行绩效面谈？如何做好绩效面谈工作？

案例分析

绩效考核带来的苦恼

小王在一家私营公司做基层主管已经有3年了。这家公司以前不是很重视绩效考核，但是依靠所拥有的资源，公司的发展很快。去年，公司从外部引进了一名人力资源总监，至此，公司的绩效考核制度才开始建立，公司中的大多数员工也开始了解一些有关员工绩效管理的具体要求。

在去年年终考核时，小王的上司要同他谈话，小王很是不安，虽然他对一年来的工作很满意，但是他不知道他的上司对此怎么看，小王是一个比较“内向”的人，除了工作上的问题，他不是很经常地和他的上司交往。在谈话中，上司对小王的表现总体上来讲是肯定的，同时，指出了他在工作中需要改善的地方。小王也同意那些看法，他知道自己有一些缺点。整个谈话过程是令人愉快的，离开上司办公室时小王感觉不错。但是，当小王拿到上司给他的年终考核书面报告时，小王感到非常震惊、难以置信。书面报告中写了很多他的问题、缺点等负面内容，而他的成绩、优点等只有一点点。小王觉得这样的结果好像有点“不可理喻”。小王从公司公布的“绩效考评规则”上知道，书面考核报告是要长期存档的，这对小王今后在公司的工作影响很大。小王感到很是不安和苦恼。

资料来源：《绩效考核案例：绩效面谈的苦恼》，豆丁网，2017年6月8日。

问题

1. 绩效面谈在绩效管理中有什么作用？人力资源部门应该围绕绩效面谈做哪些方面的工作？

2. 经过绩效面谈后小王感到不安和苦恼，导致此结果的原因何在？怎样才能避免这些问题的产生？

第十一章

绩效考核结果的应用

【学习目标】

1. 理解绩效考核在绩效改进过程中的作用。
2. 理解绩效考核与薪酬联系的目的、方法。
3. 理解绩效考核与员工培训和开发的关系、方法。
4. 正确运用绩效考核结果。

第一节　绩效考核结果应用于绩效改进

一、绩效改进简介

进行绩效管理的主要目的就是改进绩效。绩效改进是绩效考核的后续应用阶段，是连接绩效考核和下一循环计划目标制订的关键环节。绩效考核的目的不仅仅是作为确定员工薪酬、奖惩、晋升或降级的标准，员工能力的不断提高以及绩效的持续改进才是其根本目的，而实现这一目的的途径就是绩效改进。

绩效改进是指确认工作绩效的不足和差距，查明产生的原因，制订并实施有针对性的改进计划和策略，不断提高竞争优势的过程。传统的绩效管理侧重于管理控制，而现代绩效管理则强调改进绩效，在个人绩效不断提升的同时，推动部门的发展，从而实现组织的战略目标。

绩效管理是一种管理行为，它贯穿于人力资源管理工作的全过程，其核心目的是绩效改进。绩效管理的目的是通过员工绩效的提高，促进和带动团队以及组织绩效的提升。因此，在绩效管理中绩效改进是一个不容忽视的关键阶段，通过有序的绩效改进和提高，使组织绩效管理上升到一个新的水平，周而复始，使组织绩效不断延伸和发展。因而，绩效改进既是绩效反馈面谈中重要的沟通内容，也是绩效考核结果的重要应用领域。

绩效改进是一个系统化的过程，是通过对个体现有绩效状态的分析，找出与理想绩效之间的差距，制订并实施相应的干预措施来缩小绩效差距，从而提升个人绩效，进而提升部门和组织绩效水平的过程。

二、制订绩效改进计划

绩效改进的形式多种多样，但其过程大致上包括以下几个步骤。

（一）确定绩效改进的目标

首先，需要分析员工的绩效考核结果，找出员工工作中存在的问题；其次，在此基础上针对存在的问题，确定绩效改进的目标。

要想更加透彻、全面地分析绩效问题，必须结合以上两种思路，在管理者和组织成员充分交流的情况下，对产生不良绩效的原因达成一致意见。绩效分析如表 11 - 1 所示。

表 11 - 1　　绩效分析

影响绩效的维度		绩效不良的原因	备注
员工	知识		
	技能		
	态度		
主管	辅导		
	其他		
环境	外部		
	内部		

分析绩效问题的常见方法之一是三因素法，即从员工、主管和环境三方面来分析绩效问题。

从员工方面分析，影响其绩效的原因如果是个人知识和技能不足、缺少动机等，则后续采取的措施应集中于帮助员工克服这些问题，进而才能改进绩效。

从主管方面分析，可能因为其管理方式不当而导致员工能力无法发挥，或者主管对员工的支持不足而导致员工难以完成工作。例如，监督过严，施加不当的压力；主管没有明确的工作要求，对员工的工作没有给予及时、有效的反馈，对员工的建议不重视，不授权给员工，不给员工提供教育和培训的机会，不鼓励员工尝试新方法和新技术等。

从环境方面分析，包括员工工作场所和工作气氛的因素。可能对绩效产生影响的方面有：工具或设备不良，原料短缺，工作条件不良（噪声、光线、空间和其他干扰等），人际关系紧张，工作方法或设备的改变造成工作困难等。

（二）选择合适的绩效改进工具

在对企业的绩效问题进行诊断和分析，明确绩效改进的方向和重点后，接下来要选择一个具体的、可行的方法，只有选择适合本企业的正确方法，才能保证绩效改进的顺利实施。常见的方法有：六西格玛管理、ISO 管理体系以及标杆超越法等。

（三）制订合理的绩效改进计划

制订合理的绩效改进方案，并确保其能够有效实施。在下一阶段的绩效辅导过程中，落实已经制订的绩效改进方案，尽可能为员工的绩效改进提供知识、技能等方面的帮助。绩效改进方案可以与计划目标制订相结合，也可以独立制订，目的都是提高员工的绩效。

首先，员工与主管人员双方就员工绩效方面存在的差距分析原因，找出员工工作能力、方法或工作习惯等有待改进的方面；其次，根据未来工作目标的要求，在工作能力、方法或工作习惯等有待改进的方面中，选取员工目前最为迫切需要改进且易改进的方面作为个人未来一定时期内将要发展的项目，双方共同制订改进这些工作能力、方法或工作习惯的具体行动方案，确定个人发展项目的期望水平、实现期限以及改进的方式；最后，列出员工有待发展的项目达到期望水平所需要的资源，并指出哪些资源需要主管人员提供帮助和支持。

绩效改进计划是关于改善现有绩效水平的计划。制订绩效改进计划实际上就是具体规划应该改进什么、应该做什么、由谁来做、何时做以及如何做的过程。绩效改进计划的主要内容包括：（1）明确需要改进的原因，并附上前一个评价周期中个人在相应评价指标上的得分情况和评价者对该问题的描述或解释；（2）明确写出个人现有的绩效水平和经过绩效改进之后要达到的绩效目标。

对存在问题提出的改进措施应当尽量具体并富有针对性。除了确定每个改进项目的内容和实现手段外，还需要确定每个改进项目的具体责任人和预期需要时间，也可以说明需要的帮助和资源。

三、绩效改进计划的实施和评价

绩效改进能否成功，关键在于能否控制改进的过程。只有各级主管在过程中给予员工指导和帮助，修正改进方案，才能保证绩效改进的效果。在制订绩效改进计划后，管理者应通过绩效沟通和监控实现对绩效改进计划过程的管理。绩效改进计划作为绩效计划的补充，始于上一个绩效评价周期的结束，结束于下一个绩效评价周期的开始。绩效改进计划的完成情况常常反映在员工前后两次绩效评价结果的比较当中，如果员工前后两次绩效评价中得到的评价有显著提高，在一定程度上说明绩效改进计划取得了一定的成效。表 11－2 为员工绩效改进计划表示例。

表 11－2　　　　员工绩效改进计划表　　　　编号：

<table>
<tr><td>姓　　名</td><td></td><td>性　　别</td><td></td><td>职位编号</td><td></td></tr>
<tr><td>部　　门</td><td></td><td>岗　　位</td><td></td><td>面谈时间</td><td></td></tr>
<tr><td colspan="6">Ⅰ. 考绩摘要：</td></tr>
<tr><td rowspan="4" colspan="2">杰出的绩效
（按重要性排列）</td><td colspan="4">1.</td></tr>
<tr><td colspan="4">2.</td></tr>
<tr><td colspan="4">3.</td></tr>
<tr><td colspan="4">4.</td></tr>
<tr><td rowspan="4" colspan="2">需要改进的绩效
（按重要性排列）</td><td colspan="4">1.</td></tr>
<tr><td colspan="4">2.</td></tr>
<tr><td colspan="4">3.</td></tr>
<tr><td colspan="4">4.</td></tr>
<tr><td colspan="6">Ⅱ. 绩效改进计划：</td></tr>
<tr><td colspan="4">应采取的行动</td><td colspan="2">完成时间</td></tr>
<tr><td colspan="4">1.</td><td colspan="2"></td></tr>
<tr><td colspan="4">2.</td><td colspan="2"></td></tr>
<tr><td colspan="4">3.</td><td colspan="2"></td></tr>
<tr><td>被考核者
签　名</td><td></td><td>直接上级
签　名</td><td></td><td>部门主管
签　名</td><td></td></tr>
<tr><td>备注</td><td colspan="5">人力资源部备案</td></tr>
</table>

第二节　绩效考核结果应用于人力资源管理决策

一、绩效考核与薪酬支付

最为常见的与绩效考核相关的薪酬制度包括绩效薪酬、绩效加薪、特殊绩效奖金认可计划三种。

（一）绩效薪酬

没有以绩效考核结果为依据的报酬，不能体现公平的原则，也不能提高员工的工作积极性和充分发挥员工的潜能。传统的薪酬制度往往以员工的职位等级为依据来确定其薪酬水平，甚至决定了其福利与奖金待遇。然而，以职位为基础的薪酬更多地考虑了岗位责任、知识技能的需要、体力和脑力等因素的影响，但不能体现员工实际的产出与贡献。现代薪酬管理不仅关注岗位价值的大小，更关注员工的实际贡献，价值分配体现公平与激励两大原则，根据员工贡献价值的大小支付报酬。

例如，某公司实施当月考核结果直接与员工绩效工资挂钩的制度，根据不同等级，发放的绩效薪酬不同（见表 11－3）。

表 11－3　　绩效等级与绩效薪酬

等级	绩效薪酬
A	绩效工资 100% 发放，并奖励当月考核工资的 10%（A 级员工不超过公司人数的 10%，各部门不超过 1 人）
B	绩效工资 100% 发放，奖励当月考核工资的 5%
C	绩效工资 100% 发放
D	绩效工资 60% 发放（累计三次 D 的员工，视情况给予相应处罚）
E	不予发放绩效工资（当月为 E 的员工留任原职查看，累计两次，转为试用员工；累计达到三次，给予解聘或辞退）

（二）绩效加薪

绩效加薪是将基本薪酬的增加与员工所获得的评价等级联系在一起的绩效奖励计划。员工能否得到加薪及加薪的比例高低通常取决于两个因素：第一个因素是员工在绩效评价中所获得的评价等级；第二个因素是员工现有薪酬的等级分布。一般来说，薪酬等级越高，加薪比例越小。

例如，某公司的绩效管理体系把员工的评价结果分为 S、A、B、C、D 五个等级，相应的加薪比例为 10%、8%、5%、0%、-5%，假如一个员工的基本工资为 2000 元，年终的评价等级为 S，则这个员工在下年度的基本工资就变成了 2200 元（获得了 200 元的加薪）。

绩效加薪不仅是对员工贡献的认可，更是对员工的一种激励。然而，企业采取绩效加薪后，新增加的薪酬就会变成员工下一时期的基本薪酬部分，随着时间的延续，这种情况很可能会导致员工的基本薪酬在缓慢积累的基础上大幅度提高，造成人力成本负担。

（三）绩效奖金

绩效奖金是指企业依据员工个人的绩效评价结果，确定奖金的发放标准并支付奖金的做法。绩效奖金的类型有很多种，一般来说依据奖金总额和个人奖金系数决定。常用的公式是：

$$员工实际得到的绩效奖金 = 绩效奖金总额 \times 个人奖金系数$$

绩效奖金总额确定有多种方法，常见的方法之一是以员工总薪酬的百分比作为绩效薪酬基数，确定一个浮动的绩效奖金额度。奖金系数则是由员工的绩效评价结果决定的。这里，个人奖金系数是由员工绩效评价结果的等级系数决定的。

绩效奖金不仅可以与个人绩效考核挂钩，也可以与部门以及公司的绩效完成情况挂钩，从而实现个人利益与团队以及企业利益成为一体。

绩效奖金和绩效加薪的不同之处在于，企业支付给员工的绩效奖金不会自动累计到员工的基本工资之中，绩效奖金的获得随每个考核周期绩效考核结果的等级而定。

（四）特殊绩效奖金认可计划

特殊绩效奖金认可计划是指在员工努力程度远远超出工作标准的要求，或为企业作出重大贡献时，企业给予他们的一次性奖励。这种奖励可以是现金，可以是物质奖励，也可以是荣誉称号等精神奖励。特殊绩效奖金认可计划具有非常高的灵活性，它可以对那些出乎意料的、各种各样的单项高水平绩效表现进行奖励。

二、绩效考核与职位管理

绩效管理作为人力资源管理的核心职能之一，其过程信息和结果产出是组织人事决策的重要依据。

绩效考核结果在人力资源管理中普遍应用的领域之一是进行人才盘点。应用绩效考核结果与员工潜能水平两个维度进行人才盘点，可以对人才进行精细化管理，把合适的人放在合适的岗位。针对不同绩效考核结果的员工，结合其潜能考核，组织可以采取不同的对待方式。对于高绩效员工，通过晋升的方式给这些员工提供更大的舞台和更多的机会，使他们可以实现更好的绩效，同时为组织作出更大的贡献；对那些绩效差强人意的员工，管理者需要从多方面认真分析原因，并给出实际可行的绩效提升方案。

三、绩效考核与员工培训和开发

人力资源管理中的人员培训和开发是根据实际工作的需要，为改变员工的价值观、工作态度和工作行为，使其在现在或将来的工作岗位上的工作表现达到企业组织的要求而进行的有计划、有组织的培养和训练活动。通过绩效考核可以发现员工的不足之处，从而给人力资源开发和培训提供决策依据，提高了人力资源开发与培训工作的针对性。即可以针对员工的薄弱环节，发现员工在培训和开发方面的不同需要，帮助员工获得所需的知识和技能。

绩效考核结果为评价个人优缺点和提高工作绩效提供了一个反馈的渠道，有助于员工制订个人职业发展计划，帮助员工不断成长，实现其职业目标。从长远来看，通过帮助员工不断学习与成长，也为组织准备了更具有胜任力的人才。一些组织的绩效考核会将员工开发计划作为其中的一部分，包括需要开发的主要领域，计划期内个人开发方面的需要、计划及目标等。这个计划具体说明了为改进绩效需要实施的行动方案，为下一个计划期进一步提升员工绩效提供了保障。因此，员工培训和开发计划也越来越成为组织绩效管理体系的一个关键组成部分。

另外，员工培训和开发的效果可以通过绩效考核来判定。员工培训和开发主要是通过提高员工的工作技能进而提高其工作绩效的。因此，可以通过绩效考核对员工绩效的识别来检验员工培训和开发的效果。

思考题

1. 简述绩效考核在绩效改进中的作用。
2. 绩效考核结果如何应用于薪酬激励？
3. 如何运用绩效考核结果开展员工培训和开发工作？

案例分析

某公司的绩效考核结果应用

一、考核结果等级分布

（1）考核结果分为 A、B、C 三个等级；

（2）为表扬先进、激励后进，考核结果应拉开一定的档次，各部门的考核结果 A：B：C 的比例应控制在 2：7：1 范围内，建议在计算各级别人数时采取四舍五入的方法；

（3）为提高员工绩效考核的透明度，要求各部门于每月 10 日前在部门内部公布考核结果（见表 11－4）。

表 11－4　等级分布

等级	参考分数段	含义	分布比例	分值 P_i
A	95 分以上	优	2	1.5
B	80～95 分	中	7	1.0
C	80 分以下	差	1	0

二、绩效改进

（1）员工应根据自身考核情况，发现工作中的不足之处，提出绩效改进计划，并采取培训或自主学习的方式，努力提高自身素质，提升工作绩效。

（2）对考核成绩为 C 者，须填写《员工绩效改进计划表》，制订书面改进计划。《员工绩效改进计划表》由所在部门保留，必要时管理部抽查。

三、末位淘汰

员工绩效考核的评定结果将作为员工晋升或岗位轮换的重要参考依据，连续两个月考核结果为 C 或半年内 3 次为 C 的员工将被淘汰。

四、员工绩效工资

绩效工资计算方法：

某员工绩效工资＝部门绩效工资总额×分配比例

$$分配比例 = (M_i \times P_i)/\sum(M_i \times P_i)$$

其中，M_i 为某员工绩效工资标准额度（基本工资的20%）；P_i 为考核结果对应分值。

问题

1. 该公司的绩效考核应用上有什么特点？
2. 分析在考核结果应用上还存在哪些问题？

参考文献

［1］［美］M. 塔玛拉·钱德勒：《绩效革命——重思、重设、重启绩效管理》，孙冰、陈秋萍译，电子工业出版社 2017 年版。

［2］［美］彼得·卡佩利、安娜·塔维斯：《绩效管理新方向》，载于《哈佛商业评论》（中文版）2016 年第 10 期。

［3］［美］毕意文、孙永玲：《平衡计分卡：中国战略实践》，机械工业出版社 2006 年版。

［4］［美］戴维·帕门特：《关键绩效指标》（第三版），张丹等译，机械工业出版社 2017 年版。

［5］方振邦：《战略性绩效管理》，中国人民大学出版社 2014 年版。

［6］方振邦、刘琪：《绩效管理——理论、方法与案例》，人民邮电出版社 2018 年版。

［7］［美］赫尔曼·阿吉斯：《绩效管理》（第三版），刘昕等译，中国人民大学出版社 2013 年版。

［8］胡八一：《绩效量化技术》，北京大学出版社 2005 年版。

［9］［英］理查德·威廉姆斯：《组织绩效管理》，清华大学出版社 2002 年版。

［10］林新奇：《绩效管理》（第二版），中国人民大学出版社 2012 年版。

［11］［美］罗杰·爱迪生等：《绩效构建：提升组织绩效的科学艺术》，易虹等译，电子工业出版社 2018 年版。

［12］［美］马库斯·白金汉、艾什利·古铎：《重构绩效管理》，刘铮等译，载于《哈佛商业评论》（中文版）2015 年第 4 期。

［13］彭剑锋：《战略人力资源管理：理论、实践与前沿》，中国人民大学出版社 2014 年版。

［14］［日］天外侍郎：《绩效主义毁了索尼?》，载于《文艺春秋》2007 年第 1 期。

［15］王兰云：《人力资源管理：理论与实务》，电子工业出版社 2017 年版。

［16］王兰云：《人力资源管理》，经济科学出版社 2009 年版。

［17］［美］约翰·杜尔：《这就是 OKR》，曹仰锋、王永贵译，中信出版集团 2018 年版。

［18］［美］詹姆斯·W. 史密斯、缪曼儿·伦敦：《绩效管理：从研究到实践》，汪群、张龙等译，机械工业出版社 2011 年版。

［19］赵曙明、赵宣萱：《绩效考核与管理——理论、方法、工具、实务》，人民邮电出版社 2019 年版。

［20］Marcus Buckingham & Ashley Goodall，"Reinventing Performance Management"，*Harvard Business Review*，April 2015.

［21］Mohrman，A. M.，Resnick-West S. M. and Lawler E. E.，*Designing Performance Appraisal Systems*，San Francisco，CA：Jossey-Bass，1989.

［22］Partick M. Wright and Gary C. McMahan，"Theoretical Perspectives for Strategic Human Resource Management"，*Journal of Management*，1992，18（2）.

［23］Peter Cappelli & Anna Tavis，"The Performance Management Revolution"，*Harvard Business Review*，October 2016.

图书在版编目（CIP）数据

绩效管理 / 王兰云编著. —北京：经济科学出版社，2022.4

财政部“十三五”规划教材 高等学校经济管理类课程“十三五”系列教材

ISBN 978－7－5218－3531－1

Ⅰ. ①绩… Ⅱ. ①王… Ⅲ. ①企业绩效－企业管理－高等学校－教材 Ⅳ. ①F272.5

中国版本图书馆 CIP 数据核字（2022）第 049373 号

责任编辑：初少磊
责任校对：王肖楠
责任印制：范 艳

绩效管理

王兰云 编著

经济科学出版社出版、发行 新华书店经销

社址：北京市海淀区阜成路甲 28 号 邮编：100142

总编部电话：010－88191217 发行部电话：010－88191522

网址：www.esp.com.cn

电子邮箱：esp@esp.com.cn

天猫网店：经济科学出版社旗舰店

网址：http://jjkxcbs.tmall.com

北京季蜂印刷有限公司印装

787×1092 16 开 12.25 印张 230000 字

2022 年 5 月第 1 版 2022 年 5 月第 1 次印刷

ISBN 978－7－5218－3531－1 定价：48.00 元